Power vs Force

The Hidden Determinants of Human Behavior

心靈能量——藏在身體裡的大智慧

David R. Hawkins
M. D., Ph. D.
著——大衛・霍金斯博士
譯——蔡孟璇

導讀

令人眼界大開的一本鉅作

中山大學企管系副教授 楊碩英

有一套簡單的方法，只要運用我們的身體就能立即做如下的測試：

- ．可以測出詐欺或仿冒品。
- ．可以測出眞假寶石。
- ．可以測出藝術品的眞假。
- ．可以測出研究過程是否走在正確的方向上。
- ．可以測出診斷結果與潛在治療方案的成效。
- ．可以測出正確藥方的正確劑量。
- ．可以測出過敏原。
- ．可以測出帳單或發票是否正確。
- ．可以測出浮報的帳目。
- ．可以測出品質不良的成品。
- ．可以測出一項投資誠實與否。
- ．可以測出某個機構是否值得信賴。
- ．可以測出大型油箱的安全防護措施是否妥善。
- ．可以測出軍事策略的可行性。

·可以測出誰適合執政，並分辨政治家與政客的不同。
·可以測出媒體受訪者或採訪者是否說出眞相。
·可以測出某二手車是否值得買。
·可以測出某業務員是否說實話。
·可以測出新的交往對象好嗎？
·可以測出這個產品可靠嗎？
·可以測出那個員工值得信任嗎？
·可以測出某項新設備的安全性有多高。
·可以測出某個特定醫生或律師的正直度、技術、能力達到什麼程度。
·可以測出目前最適合的治療師、老師、教練是誰。
·可以測出目前最適合的修理人員、技工或牙醫是誰。
·可以測出犯罪者的身分。
·可以測出重要新聞事件底下的眞相。
·可以測出歷史上的陰謀論與無解的謎團是否正確。
·可以測出心理失調的原因，這個技巧對心理問題相當有價值。
·可以測出政府的領導人是否說眞話。
·可以測出某位候選人是否有能力擔當競選職位的重責大任。
·可以測出政府機構是否針對某些事實誤導大眾。
·可以測出提出的政策是否眞能解決問題。
·可以測出是否值得進行的計畫，並放棄無效的計畫。
·可以測出新研發在市場上的潛能。
·可以測出新研發在醫學方面的潛能。
·可以測出新研發在工程方面的潛能。

以上是霍金斯在本書中提及只要運用我們的身體，就可立即測出好壞、正確與否、是否可行的一套簡單應用肌肉動力學（肌肉測試）的若干範例。如果眞能如此，那實在是太「好康」了，好康到令人難以置信！只要花一些「學習成本」，就有這麼多的效益，其中有些甚至具有數十億的價值。

霍金斯在書中也詳細地介紹某些應用的範例：

- **可以快速測出何者爲最佳材料**。方法是：將所有可能的材料分成兩組，然後測：「這個材料是在這一組裡。」測出哪一組之後，再將該組分成兩小組，依此類推，幾分鐘就可以得出答案，而不用像愛迪生那樣耗費數年測試了一千六百多種材料之後，才認定「鎢」是最適合用在白熱燈泡上的材料。
- **在大衆接受度與市場可行性方面**，如果問題措辭精確，而且所有的可能性都經過探究，還可以進行包括時間、市場、廣告、訴求的族群等測試。
- **可以測出證人是否說謊，控方是否隱匿證據，或陪審團成員是否有足夠能力理解該證據**。這個技巧最有趣的用法之一，可應用在沒有目擊者的犯罪事件上。
- **可以測出靈性騙子**。使用肌肉測試能避免受騙，可以一邊看著電視上的佈道家或「上師」，將聲音關起來，然後請人爲你做測試。假上師將無所遁形。
- **可以對狀況不佳的企業進行診斷**。可先測定現今與過去的集體動機能量等級，以及所有參與營運者的能力，接著測定各個部門若要成功需要達到哪個能量等級。然後以類似方式評估政策、人事、產品、物資、供應鏈、行銷，以及聘用程序等。

．**可以調查各種不同的行銷策略，而不必進行昂貴的市場分析**，如此不僅可保存資本，亦可節省大量的時間與精力。

．**可以測試自己的藏書**。將書本放在你的胸口，然後請朋友爲你做肌肉測試。重複這麼做之後，你會發現書被分成兩落，而這兩落書之間的差異將爲你帶來重要的啓示。

．**可以測試自己的音樂收藏，能爲你帶來許多新訊息**。獲得負面反應的那一組會包括暴力傾向的音樂、饒舌音樂及重金屬音樂。

首度量化人類意識的經典研究

除了上述肌肉測試的應用，本書主要在介紹霍金斯經過長達二十年的研究，加上對數千名受測者進行不下數百萬次的測定後，探究出人類的意識能量等級的心血結晶。

我是二〇〇三年在報上看到一篇短文介紹科學家大衛．霍金斯博士的研究，他發現人類意識的好壞善惡是可以用客觀標準來衡量的。心想眞的假的？然而他書都寫出來了，我應該先了解一下再下結論，就立刻上網訂購了他的這本大作原文書。

拿到書後我立刻研讀，了解了霍金斯這本書主要的內容。他的研究發現誠實、正直、道德勇氣、信任、溫和、善良、同情、意願、助人、接納、理性、尊敬、愛、無條件的愛、樂觀、諒解、寬容、寧靜、內生的喜悅、祥和、慈悲等等，能提高身體中粒子的振動頻率，對身心有益。邪念、惡念、殘忍、羞恥感、罪惡感、憎恨、冷漠、悲傷、恐懼、欲求、自私的愛、憤怒、疑心、匹夫之勇、驕傲等等，會降低身體中粒子的振動頻率，對身心有害。更驚人的是，這些能量等級都可以量化。在以10爲底數的對數（log）值從1到1000的尺度中，200以下是負能量、是爲私的，200及以上是正能量、是利他的。如果誠實、正直的能量等級是200，則殘忍、極度退縮爲20，罪惡感30，憎恨、冷漠50，恐懼100，欲求、自私的愛125，憤怒150，疑心160，匹夫之勇、驕傲175，道德勇氣200，意願310，開闊接納350，理性400，愛500，無條件的愛540，寧靜祥和600等等。

霍金斯進一步指出，人類缺乏分辨眞假好壞善惡的能力。智識不但缺乏辨識眞實虛假的能力，而且即使有辨識能力，也十分缺乏防衛自己的必要力量。霍金斯認爲經常練習書中的技巧，就能幫助我們辨認出眞正極高的能量，唯有經常接觸這些極高能量，才有可能提升生命的層次。

反覆摸索、檢驗之餘，還要問對問題

我應用書中介紹的肌肉測試法與一群研究生一起進行實驗。開始時不太能掌握用力的方式及陳述的正確性，測得不很準。後來又訂購了六卷霍金斯肌肉測試過程錄影帶，一步一步確實照做，跟著影片調整用力的方式，慢慢就越做越準確，我跟研究生也都可以測出和本書中相近或同樣的結果。

九年多來，我不知做了多少次測試，一直無法有效證明肌肉測試法是錯的，每次以爲這次它肯定錯了的時候，只要抱持虛心學習的探究精神，最後總是會發現其實它並沒有測錯，只不過是測出我們「陳述不夠精確」的結果，只要陳述更精確些就能測出正確的結果，這時常會有「啊哈，原來應該這樣陳述啊」的感覺。

我最近讀了一本非常有趣且發人深省的好書，是細胞生物學家布魯斯·立普頓寫的《信念的力量》。書中說明環境信息對各種細胞的影響，我想或許細胞生物學這方面的研究，在未來能爲神奇的肌肉測試反應提供更科學的解釋。立普頓在書中也提及「心理 K 療法」及「PER-K」的創始人羅勃·威廉斯如何應用肌肉測試和潛意識及超意識溝通，改寫負面信念，進而在短時間內改變負面心理或身體的狀態，成效遠超過這領域的其他方法。我上網看了威廉斯運用肌肉測試的影片，是一個應用肌肉測試創新的例子，過程簡單且成效驚人。讀者們不妨也上網了解一下。

就這樣，我在肌肉測試的技巧及應用上累積了不少經驗，甚或有些突破性的發現，對此方法的正確性也就更加信服了。

窮究無限：在本書基礎上，繼續探究神性領域

在本書中，霍金斯用了以10爲底數的對數值，從1到1000的尺度來衡量人類意識能量等級。他爲什麼選定這個尺度？對我來說，這一直是個疑問。我相信有些讀者也會有同樣的疑問。我也買了他

的研究論文來研讀，也沒說明。電子郵件也只能寄到出版社，也始終得不到他的回應。前陣子我自己找到了答案。如果我們定義的尺度是以10爲底數的對數值、從1到1000，就會測出和霍金斯書中相同或相近的結果，例如無條件的愛是540；如果換個方式，以100爲底數的對數值來定義從1到1000的尺度，就會測出無條件的愛是270。當然，這時的500就相當於以10爲底的1000了，而這時的1000就比以10爲底的1000要大不知多少億兆倍了。

所以我認爲霍金斯在衡量他所想要研究的人類意識能量等級時，是經過不斷調整，最後選定以10爲底數的對數值、從1到1000這個尺度，因爲這尺度對他的研究來說較恰當，且具有區分能力。但對Divine（神或具有神性的）層次的探究就不適合了。

霍金斯在二〇〇六年出版了《超越意識能量等級》（*Transcending The Levels of Consciousness*），詳細介紹意識能量等級20、30、40、75、100、125、150及175的人的心理及精神狀態，並列舉出吸引他們的各種態度，都是一些屬於那個意識能量等級的負面態度，他們喜歡沉溺其中。他也列舉出他們所排斥的各種態度，竟然都是可以幫助他們提升的高意識能量等級的正面態度。霍金斯的分析當然強而有力地讓我們了解到：噢，原來如此，難怪那些負面的人是如此難以改善！霍金斯悲觀地認爲，除非接觸到超高正能量，否則這些人無法跳脫負面狀態。他在書中提到神性是1000到無限大，是超高正能量。所以我就開始往超高正能量的方向去研究。

如果我們測大家所熟悉的佛、道、神，就會測出是1000以上，是；是一萬以上，是；……是一兆兆兆以上，是——測了很久還是測不到頂，最後就不想再繼續測下去了，反正是只要陳述是1000到無限大，反應就是是。後來我不死心，找到數學上最大的「天文數字」單位來測，也沒測到頂，我想這眞是高不可測啊！後來我就自己發展出一套能定義非常非常大數字單位的方式，竟然把大家所熟悉的佛、道、神的能量等級都測到了，眞的是非常非常非常的高。

謹遵測試規則，才不會測偏

肌肉測試法本身也有一些課題在此說明一下。有人說，可不可以用機器來測，比較客觀。問題是肌肉測試需要施測者與受測者形成一個「能量場」，所以有些能量等級是負的人就測不準；施測者站在受測者的面前、背後、側面，形成的能量場也不盡相同，因此機器幫不上忙。此外，對每個人壓的力量也不同，對小孩與對舉重選手壓的力道差別很大，重點不在壓下去，而在於感覺肩肌有沒有鎖住。小孩的肩肌只鎖住一點點，用力過大、缺乏經驗或不夠敏覺的施測者常無法對小孩施測。

我也發現這個方法和測謊不太一樣，因爲說謊指的是說謊者知道正確答案但故意不正確地回答，而肌肉測試的施測者與受測者常常根本不知道正確的答案是什麼，也就沒有說謊這回事了。

我也曾上網看有關肌肉測試的影片，很多都沒有遵照霍金斯在書中提及的施測條件和注意事項就測了，結果當然不夠正確。我初學時也常疏忽某些施測條件和注意事項，因爲霍金斯不只在本書中提到，在其他書中也提到一些，如果沒有記住就測偏了。本書最後附上我依據自己的經驗及參考霍金斯與其他專家所歸納出來的肌肉測試施測條件、注意事項及補充說明，供大家參考。

在注意事項中，有一項是肌肉測試不測未來，需要進一步說明。例如有兩顆蘋果，一顆有農藥殘留，另一顆是有機、無污染的蘋果。肌肉測試可以測知前者對你的健康有害，後者對你的健康有益。肌肉測試能結合各種「已經存在的」資訊，並判斷哪個對你好、哪個對你不好，但肌肉測試無法測知你後來會選擇哪顆蘋果，因爲那在目前是「不存在的」資訊，所以肌肉測試不測未來。

測試關鍵：問對問題的能力

我覺得如何正確陳述的經驗很重要。我測過我的一位義兄 XXX 的能量等級很高。有次我請一位研究生測 XXX 的能量等級，結果是1。可是我曾測過 XXX 是很高啊，怎麼會這樣呢？就換個研究生再測，結果還是1。換我來測就很高，這就奇怪了。一直到他們的陳述換成「測楊碩英的義兄 XXX 的能量等級」就測出與我相同的結果，那爲什麼我測時只需陳述「測 XXX 的能量等級」就能測出來呢？而且爲什麼他們測時陳述「測 XXX 的能量等級」結果都是1？我們反覆研究測試，有了全新的發現。首先，如果以名字測人，肌肉測試會自動鎖定最有名的那個人來測。譬如測歐巴馬，世上有好些歐巴馬，歐巴馬家的兄弟姊妹也都叫歐巴馬，如果不特別指定，肌肉測試會自動鎖定美國總統歐巴馬來測。經我的研究生上網輸入 XXX 發現，原來大陸浙江某地有一位黨委書記也叫 XXX，他比我義兄有名，所以肌肉測試就自動鎖定他去測了。

至於爲什麼我測時只需陳述「測 XXX 的能量等級」就能測出來呢？那是因爲我和義兄的關係很親，肌肉測試會自動鎖定我義兄 XXX 來測。這樣的經驗對我在這方面的研究是很珍貴的。

問題又來了，那麼爲什麼肌肉測試會自動鎖定最有名的那個人來測？經過不斷深究之後，我們發現，肌肉測試就像《易經》一樣，是由異空間非常高層的生命所掌管，許多這類的方法都是，像「心理 K 療法」就是，台大李嗣涔教授訓練小孩用手指識字也是。這些方法被高層級的生命所掌管，不能亂應用的；心不正不讓用，不正的事不讓測。這些高層的生命層次有別，掌管肌肉測試者可能是這類方法中最高的一個，比《易經》還高。至於像有些算命、碟仙等方法則是由異空間很低層次的負面生命在背後所操控，這些方法用肌肉測試測出的結果都是 1，你測測看就能分辨，不要去接觸這些能量很負面的方法，會逐漸降低你的意識能量等級。

橋接物質與心靈的人類意識全書，日常生活到靈性修煉皆適用

霍金斯本書中討論的問題非常廣泛，是我前所未見的。他以所測出的意識能量等級，結合非線性動力學和量子物理理論，以及他在精神醫學及靈性修爲的基礎，針對哲學、科學、教育、法律、社會、政治、政府、民主、愛國主義、自由、自主、企業、廣告、產品品質、心理學、超心理學、意識、憂鬱症、自助無名會團體、信念系統、性格、醫療、藥品、營養、健康與疾病、流行音樂、藝術、藝術創作、天才、天賦、眞理、宗教、神學、神性、靈性、靈修、靈性的躍升、開悟、電視

節目、體育、成功、貧窮、小我/大我、青少年身心問題、毒品、酒癮、歷史謎團等問題，深入探討問題癥結，直言對現代主流思潮的批判並提出他的個人見解。其中有不少洞見深具啓發性，針對精神醫學專業背景的人類負面心性與行爲方面的分析尤爲鞭辟入裡。

霍金斯在書中常提及肌肉測試領域先驅戴蒙醫師（Dr. John Diamond），而他所寫的《你的身體不會說謊》，應是肌肉測試應用領域另一本經典之作。戴蒙曾任國際預防醫學學會會長，他針對各種食物、飲料、情緒、態度、念頭、壓力、姿勢、物理環境、社會環境、胸罩、內衣褲、鞋、帽、眼鏡、首飾、畫作、照片、符號、照明、家電、烹調設備、清潔用品、牙膏、家具、運動、電視、音響、聲音、音樂等做了許許多多的測試，探究它們是否對人體的免疫力有傷害。戴蒙醫師在書中測出的結果非常令人吃驚，因爲上述的項目當中有不少會降低我們的免疫力。書中詳細列舉哪些是非常不好的東西，會降低免疫力，而導致重大慢性疾病。這本書非常有價値，讀者可以買本來參考。只要學會簡單的肌肉測試，就多了一道安全的防護措施，避免身體受到傷害。

食品安全自我檢驗，塑化劑也不得不現形

二〇一一年五月底，台灣爆發食品添加塑化劑的一系列食品安全事件，那時我應邀至某個企業領袖協會演講，當天報紙頭版頭條是衛生署食品藥物管理局正在檢驗三家最知名的運動飲料，聽衆要我測一下。測試結果發現A、B兩家公司沒有添加塑化劑，C公司有添加。第二天，報紙公布

的檢驗結果和我測的一樣。這類測試我和研究生們經常做，答案都是很明確的。

其實，肌肉測試的價值遠遠超過上述這類測試。我有次去岡山秀傳醫院演講，有位來賓拿小番茄叫我測，結果是負的。她說不可能，因爲這是她自己種的，沒有用任何農藥；再測還是負的。後來她說，附近有人噴農藥。有些食品看起來很好，但怎麼測就是負的。在台灣爆發塑化劑事件期間，我在報上讀到一篇文章，才知道台灣目前食品安全檢驗項目大約三百項，而德國食品安全檢驗項目大約一萬五千項，但仍發生豆芽含出血性大腸桿菌，導致二十多人死亡、六百多人感染併發症血溶性尿毒症的重大事件。還有太多即使是目前最先進的科技、儀器未能測知的有害物正在傷害我們的健康，該如何是好呢？然而，肌肉測試卻能立刻明確測知好壞。所以我認爲肌肉測試這麼好康的方法，實在值得大家學習。

這些年來，我做了許許多多的肌肉測試，累積了若干經驗與心得，也有些全新的應用與突破。在此介紹幾個有趣的例子，讓讀者了解一下它的應用可以有多廣。

創新應用：歷史考古、人格特質、檢測前世

我在演講時，常測關公的身高是二〇九公分，西施是一七三公分，多次測皆如此。因爲無從對證，姑妄聽之。只是讓大家知道可以這麼測，很好用，也很好玩；重點是，只有一個答案，這就值得深思了。我也曾測出孔子當年講的是客家話，閩南語在春秋時代是晉國人講的話，多次測都是如

此。也是因為無從對證，也就姑妄聽之。但是有一次，我卻得到了印證。當我問聽衆，你們認爲孔子當年講的是哪種方言？現場有位老先生立即舉手回答：是客家話。我吃了一驚，問他怎麼知道？他說他是研究方言的。於是我找人上台做肌肉測試，測出是客家話。然後我又問大家，閩南語在春秋時代是哪國人講的話？沒想到那位老先生又立即舉手回答：是晉國。我還是吃了一驚。他解釋說晉國在現在的山西，在黃河河套那一帶，還有閩南語又叫河洛語等，說了一番他的見解。我接著做肌肉測試，測出是晉國。會後老先生說是他女兒推薦他來聽演講的，他好高興他幾十年來的研究有了肌肉測試做印證，又要我幫忙測他研究中感到疑惑的事。

這些年實在有不少經歷令我不得不越來越相信肌肉測試的準確性，限於篇幅，我只介紹我測小舅子前世的例子。

我曾多次使用肌肉測試來測人的前世，有次我測小舅子馬克前世是誰。我以陳述句來測，從有沒有前世測起。有。然後測前世是不是人類？是男是女？前世是哪個地區的人：美洲？亞洲？歐洲？非洲？結果是歐洲。接著再測他前世是歐洲哪個國家的人：英國？荷蘭？法國？比利時？德國？瑞士？奧地利？波蘭？丹麥？挪威？瑞典？芬蘭？義大利？葡萄牙？西班牙？只有在陳述「德國」時，肩肌會鎖住。再來，測試他前世的職業是什麼：士、農、工、商各行業測試過後，結果是軍人。就這樣不斷測下去，最後得到的結果是：德國陸軍上校。而且好幾組學生在不知道該結果的情況下測試，也得到相同的結果。

更令人訝異的是，當我打電話到美國夏威夷告知馬克時，他的反應是：「啊，怎麼這麼巧，你是第三個告訴我前世是德國陸軍上校的人！有位西藏的仁波切和一位中國的高人也都曾經說過相同的話。」馬克是小學畢業時移民至美國的，二〇〇九年馬克回台灣參加再興小學同學會，有同學把當年的畢業留言簿帶來。沒想到他一看，發現他當初在留言簿上寫的是：「納粹萬歲！」年近五十的他早已忘記小學寫過的話，但現在看來似乎一切都不是偶然的，都是有因緣關係的。

你想想，世界上這麼多國家、這麼多工作、這麼多職位，透過我的研究生這麼多不同的組別都測出「德國陸軍上校」這一結果，光憑機率來講，幾乎是幾億分之一、近乎不可能的巧合了，但肌肉測試就是這樣，重複測出同一結果，且在這個例子中還有不同管道的結果印證，要怎麼解釋這種現象？當這類例子越來越多，就由不得我不相信這個方法的正確性了，這就是我爲什麼越來越相信這個方法的原因。

生命的答案，身體知道

霍金斯在這本書中說，所有問題之中最大的一個，就是：「我是誰？」其實，這也是所有哲學家探討生命最終、也是最大的一個問題。我們來到這個世上是有目的的嗎，還是偶然？若有目的，那眞正的目的到底是什麼？誰能告訴我們？因爲這太重要了，如果人生有眞正的目的，而我們竟然一無所知或弄錯目的，那這一趟人生旅途可是白走了一遭。只可惜哲學家也都被這個問題困住了，沒有確切的答案。但對肌肉測試來說，眞相只有一個。我們可以用肌肉測試來找答案，這或許是肌肉測試對人類最重要的貢獻。

於是，我就和學生一起用肌肉測試來探究這個問題。答案居然全部一致：我們來到這個世上眞正的目的是來修煉，也就是來提升心性的（這也是日本經營之神稻盛和夫在他的大作《我這樣改造命運》中所找到的答案）。那麼接著下來只有一個問題要測了：如何測知世上最好的修煉法門來提升心性。我和研究室的學生們都測到了答案。我想這麼重要的事還是由讀者自己來測比較好。

肌肉測試這個領域其實還在起步階段，多的是蠻荒之地，還有很多值得深入探究的部分，也還有太多太多可以應用的領域。大家都還在學習中，只是有些人嘗試得早一些、多一些而已。歡迎您加入拓荒者的行列。

推薦序

一本身心療癒的葵花寶典

泓斌中醫診所院長．順勢療法醫師 李泓斌

這是一本身心療癒的葵花寶典，也是徒手能量檢測技巧的工具書，更為現今過度依賴儀器的醫療生態投下一顆震撼彈。

我對大衛．霍金斯博士及其著作《心靈能量：藏在身體裡的大智慧》並不陌生，多年前因花精教學需要，便參考他二十多年來研究累積幾百萬筆數據所得到的結果，那就是人在不同精神狀態下有不同的振動頻率，即善惡之能量頻率。如何調整善惡頻率將是治療身心疾病的一把關鍵鑰匙，也就是說「病由心生」，只要將心境重新歸零，即可擁有美麗的未來。而協助個案透過靜心、氣功、花精、中藥療法、精油、音樂、脊骨治療等多方輔助，讓患者消除書中定義低於200的惡頻率，並使之昇華，便成了醫師及治療師所應負的責任。

但要做到上述程度，也不是件易事。霍金斯博士在本書中寫道：「意識能量等級在500以上的治療師，才會有驚人的療癒能量」，這與古人所說的「醫不病，故為病人平息以調之」論述不謀而合。

唯有健康身心的醫者，才能給予患者療癒的本錢。身爲一位醫者，除了有穩紮穩打的醫術外，更應當時時警惕自己，是否有恐懼、悲傷、冷漠、自責、驕傲、憤怒等負面情緒。依霍金斯博士的研究及古人經驗，一旦有這些負面情緒，將導致經絡受損，剛開始或許只是小小的侵蝕（亞健康狀態），但日久便會產生實際形體的疾病（病變反應），此時影像診斷如電腦斷層掃瞄等便可檢查得到病灶。而盡快消除惡頻率，並讓自己修煉到200以上的意識能量等級，是醫者及患者雙方都要努力的方向，因爲這也是患者生病的眞實病因。透過本書，您將了解到自己的善惡頻率有多少，也將明瞭它是如何影響您、影響社會、影響全人類的發展。

肌肉動力學（AK，書中所述的臂力測試爲戴蒙博士所發現的肌力測試法）在國外是一門能量檢測的新興學科。在台灣，能量檢測技術分爲兩大派，一派爲使用儀器，如MORA、良導絡、VEGA等；另一派不依賴儀器，使用徒手能量檢測，如肌肉動力學、O環測試、道家內觀法等。幸運的是，我在醫學工程研究所求學期間及臨床工作時，恰巧都有機緣與這兩派交流，也深知其運作模式，加上近來天災人禍不斷，使用儀器難免有遇到停電或損壞等不可預期因素，促使我後來走向道家內觀法（內證診斷），成爲台灣第一家以內觀法爲主要診斷方式的中醫診所。

肌肉動力學可說是內觀法的一個延伸，任何人均具有知道好壞的能力，如黑心食品及有機食品，透過肌肉動力學便可清楚知道，前者讓您肌力瞬間無力，後者則讓肌力變強，光這點就可使我們在黑心商品充斥的年代遊刃有餘，更別說AK還可幫助我們開發產品、診斷疾病、選擇書本、找出臨界點、判斷是否值得投資等諸多利多。您或許不知道，內觀法是中醫的核心，中醫的經絡、脈氣、藥物的效用均是古人用內觀法得出的結論，而華佗、張仲景、孫思邈等歷代大醫家，也是透過內觀法來偵查人體臟腑經絡是否異常以斷症治病，可以不需解剖、不需任何儀器便斷病如神、藥到春回。其實內觀法就是一個靜心的功夫，在世界他處，印度及西藏高僧的內觀法可由修煉感應別人的訊息，而南美的印加文化也有讀心術的記載。本書中也特別提到，小朋友可以很快上手，因爲相較於大人，小朋友的雜念顯然少多了，運用肌肉動力學，也較快做到**「心靜、氣強，而靈覺顯用」**的境界。

但要強調的關鍵是，不論是誰來做肌肉動力學，最後都一定會有答案出現，但答案是否正確，則要看個人功力而定，所以霍金斯博士在書中也寫道，須放下情緒、放下一切外來干擾，才能得到最正確的答案，亦即書中所說「開啓意識的資料庫」，這點讀者可參考本書最後幾個章節。依我這些年來的經驗，這個意識的資料庫不需要昂貴的設備，也不須具備專業醫學背景，只要經過正確的訓練及自我練習，設法消除低於200的惡頻率，便可開啓人的伏藏腦（即右腦）而快速上手。古人曾說：「欲修大道，必先有德」，在古人心中，內觀法是「道」術，必須先有德行才做得來，而本書所定義意識能量等級200以上的思緒，如充滿愛、寧靜喜悅、希望樂觀，是一條與氣功修煉及打坐同樣重要的捷徑，因其爲德行的一個展現。果能如此，便可做到佛經開頭寫的：「天上天下無如佛，十方世界亦無比，世間所有我盡見，一切無有如佛者」的「世間所有我盡見」境界，關鍵僅只在放空、放下負面情緒而已。

當您透過本書熟悉這個技巧，您將體會「上帝賜給人類可以親眼看到疾病的方法」，除此之外，您也將擁有更多選擇的機會，喜樂地知道下一步該何去何從，更重要的是，這已預期未來的您將會帶給地球上諸多衆生永不止息的暖流。很慶幸自己能有這個善緣爲此寶典寫推薦文，讓我能先閱讀本書。短短幾天的時間，已讓我的身心獲得更深的體悟，也使我的內證診斷功力更加提升。相信翻開本書的您，也會有不同的收穫。

推薦序

看見內在眞力量

綠色食材達人 朱慧芳

追求身體健康的人，或早或晚都會開始往自己的內在尋求眞正的寧靜安詳，並且體認到身心靈三方的整體祥和狀態，才是眞正的、長久的健康。有形的物質世界難以解釋生命品質的高低，無形的內在能量反而成爲一道可能的了解門徑。十多年來，在有機領域探索的過程當中，似乎總有一道冥冥之光，引導著我去接觸心靈療癒、內在修習以及各種類型的靈修課程。我也因此有許多機會，去認識各式各樣檢測「能量」的方法。

對大部分的人來說，能量是那麼的抽象，很難去想像，更難以證明它的存在。又因爲眼睛看不見，雙手觸摸不到，所以有些人把能量和怪力亂神相提並論，總覺得它不夠科學，難登大雅。但其實能量有點像空氣，看不到也抓不住，但當我們擠身在上下班的捷運車廂內，或是優遊在綠色森林當中，可以明顯感受到新鮮氧氣的存在與否，也知道身心因此變得舒坦愉快或是萎靡難過，雖然眞的很難說清楚，到底有多少氧氣流盪在我們身邊，或者具體具象的氧氣到底在哪裡。

有些人借助設備來測量能量，例如琉璃光雷久南博士推廣的金屬能量棒，就是個方便攜帶容易操作的小設備。也有些人選擇訓練自己身體的一部分，通常是手掌或手指，去感受另一個物質甚至人體的能量場，例如使用拇指與食指連結的O環測試法。我認識一位長期在能量領域耕耘的朋友，甚至只要用手掌揮一揮，就可以斷定空間中的能量高低，或是他人的能量狀態。

但是無論這些檢測是否眞的相應到能量高低，卻都會遭到質疑，被譏爲是自由心證不科學的僞知識。信者奉爲眞理，不信者嗤之以鼻，因爲這些檢驗法的共同特徵是無法量化，難以具體說明。《心靈能量：藏在身體裡的大智慧》一書的出現，化解了之前的質疑，因爲作者大衛．霍金斯博士發表的能量測量法，不但有清楚的衡量方法，同時也定義了能量的衡量標準。利用書中提供的方法和參考數據，人們不但可以測量人事物的能量高低，還可以檢測眞僞好壞。

只要一想到這本書提供的資訊早在一九七五年便形成，就讓我有繼續翻頁的動力，而且我想盡快看完。書中內容包羅萬象，從理論到實踐法應有盡有，總體而言它表達了兩大重點：（一）心靈力量眞實存在，而且力量遠超出我們所能想像；（二）內在力量獨立於大腦思考力之外，它可以透過簡單的方式測得，因而被看見。爲了闡述這兩大重點，書中處處陳列可以一讀再讀的深奧訊息，喔，其實不盡然是深奧而且是非常多元，這些豐富的內容多到可以拆開來變成獨立的三、四本書都不會顯得單薄。

最有趣的是，這本書寫成之後，作者率先運用自己研發出的能量/眞理檢驗方式，測試書中內容眞僞，而且也因此找出一處錯誤。不但如此，讀者還可以在最後幾頁看到作者針對每一章節所做的能量檢測，測出刊載的內容資訊能量高低，頗有眞理不怕被檢驗的自信。

對於初次接觸能量學的讀者而言，閱讀這本書可以減少許多不必要的質疑與探索過程，從一開始，就以平常心公平看待心靈力量存在的事實。對於已經了解並能利用內在能量的讀者，這本書提供的資訊，正好可以解釋許多之前難以言明的尷尬，並且加深對能量的認識。好吧，如果您兩者都不是，還是可以用書裡面教的兩根手指測試法，跟周遭朋友玩玩能量遊戲。

推薦序

心靈能量的強力吸引子

中華民國能量醫學學會中西醫師 張文韜

妙哉！正當我要將手邊的經絡值、情緒梯度和各種生物能測試數據，透過渾沌、分形、量子聯繫、共振效應和應用肌肉動力學整理成論文時，碰巧出版社來電詢問是否爲本書進行推薦。若按照本書的深度和廣度看來，我的論文似乎不需要提筆了！在我面前砰然出現這樣的強吸子耦合現象，令我陷入一陣狂喜，這不但讓我確信本書的眞理等級，也願意以此會心的佐證來推薦本書。就「外力」而言我並不認識作者，但在「心靈力」的觀點上，或許各位讀者早就與作者和我心靈相通了。誰又知道霍金斯博士此刻是否跟我想的一樣，把中國《易經》的數理象也加進來，再續一本更有趣的論著呢?!

推薦序

非競爭性的溫柔

藉由研究肌肉動力學，作者亦深入至運動精神的核心，顯見該研究眞的是通往至高力量的捷徑，與人類各領域相互貫通。書中有段話令我十分感動，讓我明白身爲人與一名運動員眞正的價値：「眞正的運動心靈力是帶著優雅、敏感度，以及內在平靜的特質，甚至在最凶悍的競爭者中展現出非競爭性的溫柔。重點不是他們擁有什麼或做了什麼，而是他們選擇成爲什麼樣的人而啓發了全人類。我們應當努力保護他們的謙虛，不讓他們受到俗世中隨著讚美而來的剝削所傷害。奧林匹克精神就存在每一位男女的心中。」希望這本書能鼓舞我們朝實現人類尚未實現的偉大潛能邁進！

希望基金會董事長　紀政

各界讚譽

「你透過這個作品散播喜悅、愛及慈悲，而這三者的果實正是和平……」

——德蕾莎修女

「這或許是我過去十年來所讀過的最重要、最有意義的一本書。」

——偉恩．戴爾博士（Dr. Wayne W. Dyer），美國知名身心靈作家

「……特別適時的資訊……對了解並處理我們當今面對的問題做出重大貢獻。」

——李．艾科卡（Lee Iacocca），前福特汽車與克萊斯勒總裁

「我特別欣賞商業吸引子模式方面的研究資料與介紹……」

——山姆．華頓（Sam Walton）

「撼人心弦、不朽傑作、一輩子的工作成果！」

——薛爾登．迪爾（Sheldon Deal），國際應用人體動力學學院總裁

Table of Contents

第一部　工具

第二部　內容

第三部 意義——

楔子

找到與本我連結的開悟工具

前言

連結大我來療癒

preface

人類的悲劇似乎就是人心太容易受騙了，人無法分辨是非，因而無可避免導致了衝突與不和諧。還好這個根本的兩難終於有了答案，有一個方法能爲意識本質賦予新的脈絡，得以解釋過去只能藉由推論得知的事。

雖然本書報告的所有事實眞相，皆透過科學方法獲得，並以客觀方式加以組織歸納，但它們一開始都是個人經驗。我從年紀很小的時候，便開始出現一連串持續一生的強烈覺知狀態，這啓發著我，更指引我展開了主觀上理解、領悟的過程，最終以這本書的形式呈現。

三歲時，我突然完全意識到「存在」這件事，對於**「我本是」**或**「本我」**的意義有著難以言喻卻完整的了解——我隨即驚恐地覺悟到，「我」或許根本不曾存在過。這是當下的覺醒，我立刻從遺忘進入有意識地覺知到「存在」本身的狀態。在那一刻，「個人的我」出生了，而**「是」**和**「不是」**的二元對立性進入了我的主觀覺知中。

存在的矛盾與自我實相的問題，一直是我整個童年與青少年前期關注的焦點。「個人的我」有時會溜回那較爲廣大、**非**個人的「大我」中，而對於「不存在」的原始恐懼，也就是對「虛無」的根本恐懼，又會再次出現。

喚醒當下，體悟靈性

一九三九年，我在威斯康辛州的郊區當送報生，一趟報送下來路途長達十七哩。某個漆黑的冬夜，我被困在大風雪中，離家好幾哩遠。當時的氣溫只有零下二十度，我連人帶腳踏車摔倒在一片覆滿冰雪的田野間。一陣狂風將車籃裡的報紙吹得四處飛散，飛到遠遠的另一頭。我萬分沮喪又筋疲力竭，不禁哭了起來；衣服被凍得硬邦邦的，離家又還很遠。爲了躲避狂風吹襲，我打破小山般高聳雪堤的外殼，挖了個洞躲進去。我的顫抖停止了，被一陣甜蜜的溫暖所取代……然後，突然出現一種超乎語言所能形容的寧靜狀態。隨之而來的，是遍照的光與無限的愛之「存有」，它無始無終，亦與我自身的本質不可分。我忘卻了肉體與四周的環境，因爲我的覺知充滿了遍在的光明狀態。頭腦安靜了下來，所有的思想也止息了。無限的存有即是一切，或者說是一切可能，那是超越時間或任何形容的。

經過好似千百萬年那麼久，我突然又掉回現實世界中：有人正在搖我的膝蓋，我父親焦慮的臉龐也緊接著出現在我眼前。對於回到身體這件事與接踵而至的一切，我感到非常不情願……但我很愛父親，也因爲他的痛苦，讓我選擇了回來。我帶著超然的態度，同情他害怕我死亡的心情，但同時，「死亡」這個概念又顯得十分可笑。

我從未和任何人討論過這次經驗，當時，我無法取得任何相關資料來理解這件事，也沒有聽過「靈性經驗」這種事（除了在聖者的生平故事裡聽過的那些）。但就在這次經驗之後，這世界上一般人所接受的現實，對我似乎變成了一種暫時性的現象：傳統宗教的教導變得無足輕重，我竟成了一名不可知論者。和我感受過的那種一切存在皆沐浴其中的神性之光相比，傳統宗教裡的「神」頓時黯然失色。我失去了宗教……卻發現了何謂「靈性」。

第二次世界大戰期間，我被分派到某個掃雷艇上服役，執行危險的任務，經常面臨九死一生的處境，但我從來不像其他隊員一樣感到害怕，好似死亡已不再真實。大戰後，我深受人類複雜的心理狀況吸引，打算攻讀精神醫學，因此努力完成了醫學院的學業。指導我的心理分析學家是哥倫比亞大學教授，也是一位不可知論者——我們兩人對宗教都抱持著不置可否的態度。我的分析研究進行得不錯，事業也很順利，一切算是十分成功。

然而，我並未從此一帆風順：有個來勢洶洶的致命疾病突然找上我，現有治療皆宣告無效。到了三十八歲的時候，我知道我快死了。我不在乎身體，但我的精神卻處於一種極度焦慮與絕望的狀態。當最後一刻來臨時，一個念頭閃過我的腦海：**「如果真的有神呢？」**我立刻祈求：「如果真的有神，此刻我請求祂幫助我。」我臣服於那不知是什麼的神，然後就陷入了無意識之中。醒來之後，巨大的轉變發生了，這份衝擊徒留我在敬畏之中啞口無言。

過去的我已不復存在，「個人的我」或「小我」也消失無蹤——只剩下擁有無限力量、亦即一切之所是的「無限存有」。這樣的存有取代了過去的「我」之所是，我的身體與其動作完全由此無限存有的意志所控制。世界被一種「無限的一」的清明所照亮，它表現在一切事物無量無邊的美麗與圓滿之中。

有九個月的時間，我一直保持著這樣的靜定狀態。我沒有自己的意志，在一股力量無限卻又精妙溫和的存有意志的指引之下，我的物質身體自動自發地運作著。在那種狀態下，不需要思考任何事。一切眞理皆不證自明，將事情概念化不但不需要，也是不可能的。同時，我的神經系統感覺負荷極大，好似承載的能量已超出迴路設計太多。

它不可能在這世間有效率地運作了。恐懼、焦慮，以及所有一般的動機都消失無蹤。沒有什麼要追尋，因爲一切已然完美。名聲、成功與金錢，全都失去了意義。朋友們勸我實際點，恢復執業，但我一點這麼做的動機也沒有。不過，我發現我可以察覺性格之下的實相。我看見情緒疾病的根源就隱藏在人們相信他們「就是」自己性格的信念裡。因此，很自然的，我重新執業，而且最後事業蓬勃發展。

人們從美國各地趕來——我一年爲一千個病人看診。後來，我雇用了五十位治療師和其他工作人員來幫忙，我有兩千位門診病人，擁有二十五間診療室的大辦公室，還有研究實驗室與腦電分布圖實驗室。我也受邀上電台和電視接受訪問。一九七三年，我在著作《正分子精神醫學》（*Orthomolecular Psychiatry*，與諾貝爾獎得主林納．鮑林合著）中報告了我的研究內容，但似乎惹惱了許多人。

❖ ❖ ❖

超乎理解的奇蹟

我的神經系統狀況慢慢獲得了改善，但接著又產生另一個現象——一道甜蜜而美好的能量不斷湧上我的脊椎，直達大腦，製造出連續的愉悅感受。生命中的一切都同步發生，在圓滿的和諧之中演變，奇蹟變得很尋常。這個世界稱之爲「奇蹟」的源頭是「存有」，而非那個別的我。剩下的那個個人的「我」，只是所有現象的目擊者。那更大的「我」，比我自己或之前的思想更爲深廣，決定了所有一切的發生。

這種狀態被別人記述了下來，也進一步促使我開始研究靈性教導（包括佛陀、黃檗禪師及其他開悟聖者的教法，還有近代的靈性導師如馬哈希尊者和瑪哈拉吉尊者等），因而印證我的經驗並非獨一無二。突然間，《薄伽梵歌》變得完全合理，最後，我體驗到與羅摩克里希納和基督教聖者描述過的同樣的靈性狂喜。

世上的每一個人、每一樣東西，全都閃耀著光輝，美不勝收。所有的生命皆在寂靜與絢爛之中放出光芒。人類的行爲實際上是由內在的愛所驅動，此一事實昭然若揭，只是人們沒有覺知到罷了。大多數人都像夢遊般過日子，從未覺察眞正的自己是誰。每個人看起來都像在睡覺似的，卻又美得不可思議——我愛上了每一個人！

我必須暫停早晨一小時的例行靜心，晚餐前一小時的靜心也得停止，否則這份狂喜的極樂將過於激烈，令我無法正常運作，好似幼時在雪堤裡的經歷再度出現，越來越難以離開那種狀態，回到正常生活中。萬事萬物不可思議的美，以最圓滿的姿態放出光彩，在世人只看見醜陋之處，我卻見到了無限的美好。這樣的靈性之愛遍布在我的一切感知中，所有此處與彼處、此時與彼時、我和你的界線全都消弭了。

那些年，我在內在的寧靜之中度過，存有的力量也越來越強大。我沒有個人的世界——個人的意志已不復存在。我只是「無限存有」的工具，順著它的意志來做事。人們在那存有的周遭氛圍裡感到格外平靜，求道者來到我這裡尋找答案，但已沒有一個叫作「大衛」的個人存在了。這些人所做的，只不過是整頓一下來自他們自己的答案而已，而那個答案和我的並無不同。當我看著每一個人，他們的眼中映照出我自己。「我是怎麼進入他們每個人的身體的？」我納悶著。

超乎一般理解的奇蹟發生了。許多長期困擾我的慢性病不見了，我的視力自動恢復正常，戴了一輩子的雙焦眼鏡不再需要了。偶爾，我會感覺到一股微妙的極樂能量——無限的愛——突然從我的心口朝向某些不幸事件的現場放射。譬如，有次我在公路上開車，這道神奇能量突然從我的胸口放射出來。我轉個彎之後，看見一場剛發生的車禍，事實上，翻覆車輛的輪胎仍不停打轉。這股能量從我身上強力發送至車裡的乘客，然後自動停止。又有一次，我走在一個陌生城市裡，這股能量開始流向前方的街區，結果是我剛好路過一場甫開始的幫派鬥毆事件，當時打架的人往後撤退，笑了起來，接著這股能量又自己停止了。

我的感知會毫無預警地在最意想不到的情況下出現深刻的轉變。有次我獨自在長島一家餐廳用餐，存有的能量突然變得極爲強大，在一般感知中分離的每個人、每樣東西，都融入了永恆的宇宙性與「一」之中。在這停止動作的寂靜之中，我看見根本沒有任何「事件」或「事物」，沒有什麼事眞的在「發生」，因爲過去、現在與未來都只不過是感知的創造物，正如那受制於生死的、分離的小我。當我那受限而虛假的自己消融在它眞正的源頭、即宇宙大我中時，有種難以言喻的感覺升起，一種回到了家的感覺，一種從所有痛苦中解脫的絕對寧靜狀態。個人的錯覺正是所有痛苦的根源——當一個人了悟到自己「即是」宇宙，全然與一切所是合而爲一，永永遠遠、沒有盡頭，就不可能再有痛苦。

連結大我來療癒

病患從世界各地前來接受我的診治，其中有些人深陷絕望中的絕望處境。來看我的病患有些古怪、身子不住扭動，有些還裹著遠處病院的濕床單，都希望治癒自己的重度精神病和無藥可醫的心理疾病。有些人患有緊張症，許多人則已暗啞多年，但是我在每一位病患殘疾的外表下，清楚看見愛與美的光明本質，或許這對一般人的視野來說太隱晦了，導致他們完全不被這世界所愛。

某天，有個穿著防護衣的暗啞緊張症患者來到了醫院。她患有嚴重的神經失調症，無法站立，在地板上蠕動、抽搐，翻著白眼。她的頭髮糾結在一起，把衣服扯得破破爛爛的，而且只發得出一些喉音。她來自富裕的家庭，已經有數不清的醫生為她診療過，包括世界各地的知名專家。各種療法她都試過，最後醫療專業終於放棄了她，稱她的狀況為「無望」。

我看著她，心中默默問道：「神啊，你希望我怎麼做？」接著我了解到，我所要做的只是去愛她，就這樣而已。她內在的大我從她眼中透出光芒，而我則將自己與那愛的本質連結在一起。在那個當下，她因認出了自己眞正是誰而獲得了療癒。她的身心是否健康，對她已不再重要了。

事實上，這發生在無數的病患身上。有些人在世人眼中的確康復了，有些則否，但臨床上的康復是否發生，對病人來說已不再重要了。他們內心的痛苦已經結束，當他們感受到被愛與自身內在的寧靜，他們的痛苦便止息了。這種現象，我只能解釋為「存有」重新安排了病患的現實，使她在超越世間與其表象的層面上獲得療癒。我存在其中的內在安寧包圍了我們兩人，超越時間與身分的限制。

我看見**「所有的煩惱與受苦，都是從小我生起，而不是由神而來的」**。我一直將這個眞相默默傳達至患者的心念中。當我直覺地知道，另一位沉默多年的暗啞緊張症患者心中也有這個障礙，我透過心念告訴他：「你在為自己的小我所做的事責怪神。」他突然從地板上跳起來，開始說話了，這讓目擊整個事件的護士驚訝不已。

然而，我的工作越來越繁重，終至到了令我無法負荷的地步。雖然我隸屬的醫院已經建造額外的病房來容納我的病人，候診名單依然人滿為患，每個人都在等待空的床位。面對人類受苦的浪潮襲來，我有股強烈的挫折感，因爲畢竟我一次只能面對一個病人，這就像試圖用一個小杯子把全部的海水舀出來。我覺得一定有其他方法能夠解釋一般疾病的原因與人類無盡的心靈困擾和痛苦。

找到與自身源頭連結的工具

初次接觸肌肉動力學時，我立刻就對它的潛力感到驚豔。它是「物質」「心靈」兩個宇宙之間的「蟲洞」，是兩個不同向度間的介面。這世界充滿了與自身源頭失去連結的沉睡者，此一工具可用來與更高層次的實相恢復連結，也可將實相展現給所有人看。於是，我開始測試每一種能想到的物質、思想、觀念，也請我的學生和研究助理一塊參與。我注意到一件奇怪的事：儘管所有受測者受到負面刺激時（例如日光燈、殺蟲劑、人工甘味劑）都測試爲弱，投入進階的靈性修煉而提升覺知程度的學生卻不像一般人那樣測試爲弱。有某種重要且決定性的東西在受測者的意識中改變了——他們顯然領悟到自己並非任憑世界擺布，而是只被自己的信念所影響。或許開悟之道上的進步過程可以被顯現出來，藉以增進人類抵抗存在變化無常的能力。

對於只靠想像就能改變世界上的事情，我越來越被其可行性所震撼。我看見「愛」如何在每一次取代「不愛」的時刻改變世界。藉由將這份愛的力量集中在某個特定焦點，整個人類文明系統將會有重大的改變。每當這樣的事發生，歷史就會開闢出一條新的出路。

而現在，這些重要的洞見似乎不僅能與世界溝通，還是肉眼實際可見的，而且能準確無誤地示範出來。人類的悲劇似乎就是人心太容易受騙了，人無法分辨是非，因而無可避免導致了衝突與不和諧。還好這個根本的兩難終於有了答案，有一個方法能爲意識本質賦予新的脈絡，得以解釋過去只能藉由推論得知的事。

靈性的旅程

那時，是該離開紐約生活的時候了。我在第五大道上有一間公寓，在長島也有房產，但畢竟我已發現了更重要的東西。於是我離開了原有的世界與其中的一切，在某個小鎮隱居，接下來的七年裡，我把時間都花在靜心和學習用功上。在我有能力讓想法變得更具體之前，我必須讓這種意識狀態成爲更完美的工具。

但是，強大的極樂狀態會再度出現，不請自來，最後我終於了解到，我必須學會如何在處於「神聖存有」的同時，保持在社會上正常運作的能力。我跟世界完全脫節，爲了做研究並寫作，我得停止所有的靈性修習，並專注在這表相世界中。我開始看報紙、看電視，以了解世界大事——誰是誰，還有當前社會對話的本質爲何。我不知道誰要出來競選，也不知道黛安娜王妃是誰……但是我發現，重新去熟悉這些每日新聞是一件滿愉快的事。

對眞理獨特而主觀的體驗，多數人就是無法了解，而那即是將自身層次的能量發送給集體意識、影響全人類的神祕家的眞知灼見。因此，除了其他求道者以外，這些體驗對其他人而言的意義並不大。現在我追求平凡，因爲在平凡之中、平凡本身，即是神性的表達。與一個人的大我有關的眞理，可以透過日常生活的軌跡找到。「平常」與「神」是沒有區別的。一個人所要做的只是帶著關愛和仁慈之心過生活；時候到了，考驗自然會顯現。

因此，在經歷一段漫長而曲折的靈性之旅後，我回頭從事那份最重要的工作，也就是盡一切可能讓越多同胞更加了解驅動我生命的「存有」，哪怕只理解一點點也好。

如何成爲覺醒、覺知的人？

存有是靜默的，傳達了一種寧靜狀態。它無限輕柔卻又堅若磐石，它讓一切恐懼消失，讓靈性的喜悅以無可言喻的狂喜形式悄悄出現。由於對時間的體驗停止了，因此沒有憂慮、懊悔、痛苦或期待，喜悅源源不絕、無刻不在。沒有開始也沒有結束，所以也不可能有失去、悲傷或欲望——而且沒有什麼必須做的事，因爲每一件事已然完美、完整。

當時間停止，所有的問題也將消失，因爲問題純粹是單一一點上的認知所產生的人造品。當存有展現，即已不再對身體或頭腦產生認同。當頭腦安靜下來，**「我是」**的念頭也消失了，純粹的覺知之光照見了一個人的本性，它現在如此、過去如此、未來亦如此，超越一切世界和一切宇宙——它是無限且超越時間的。

人們會想知道，**一個人如何達到這種覺知狀態？**我只能和你分享我自己的經驗並且告訴你，幾乎沒有人會依照這些步驟來做，**因為這些步驟太簡單了**。首先，想要達到這狀態的欲望非常強烈。然後依據持續不斷、適用於一切的寬恕法則與溫柔來行動，**沒有例外**。一個人必須對一**切事物**心存慈悲，包括自己的自我和思想。接著，我生起一股意願，將這些欲望暫時擱在一旁，並在每一刻臣服於我個人的意願。將每個念頭、感覺、渴望或行為臣服於神時，頭腦便越來越安靜。起初，我打破頭腦中的整個故事與劇情片段，然後是想法與觀念。當一個人放下保有這些思想的念頭時，它們便不再衍生眾多細節，而開始支離破碎，只能成形一半。最後，便能夠在思想背後的能量形成思想之前，就將它打破。

進行日常活動時，繼續堅持不懈且穩定地保持專注，不容許片刻從靜心中分心。剛開始這似乎非常困難，但隨著時間過去，便習慣成自然、變成自動的，不費吹灰之力。整個過程就和火箭離開地球升空的情況一樣：起初，它需要巨大的能量，當它離開地球的重力場越來越遠，需要的能量就越來越少，最後，它在太空中靠著自身的動力就能前進。

突然間，毫無預警，覺知的轉換發生了，存有出現，明白無誤且涵攝一切。自我死亡時，有幾個片刻的憂懼生起，接著存有的絕對點亮了敬畏的閃光。這個突破無比震撼，比過去任何所知的一切還要更激烈——一般經驗裡絕對找不到可與之匹敵的情況。它所造成的強大震撼因「存有的愛」而稍獲緩衝。若沒有那份愛的支持與保護，一個人可能就此覆沒。

接著，生起了片刻的恐懼，因自我仍執著於自己的存在，害怕它會變成虛無。然而，當小我死亡，取而代之的是一個涵納萬物的「大我」，在其中，它完美展現自己的本質，對萬事萬物皆洞然明白。有了這種非局限性，一個人即是一切過去、現在、未來之所是的覺知生起。一個人是全然、完整的，超越一切身分認同、性別或人類本身。一個人再也不須害怕受苦、害怕死亡。

從這一刻開始，發生在身體上的事皆屬於非物質領域。在靈性覺知的某些階段中，身體的疾病會康復或自動消失，然而在絕對的狀態中，這種顧慮根本無關緊要。身體會按照它預定的路線發展，然後回到它的來處。這一點也不重要，一個人絲毫不受影響。身體似乎是個「它」，不再是「我」了，它就像房間裡的家具，是另一個物品。人們把身體當作獨立的個人一樣來對待實在有些滑稽，但又不可能向毫無覺知的人解釋那覺知的狀態。最好是做好自己的事，然後讓「天意」來處理適應社會的問題。不過，當一個人達到至樂境界，便很難掩藏這強烈的狂喜狀態。這時，通常會出現想與人分享這種狀態並用它來利益世人的欲望。世人可能也會感到迷惑，人們會從世界各地前來，只爲了置身於這伴隨而來的氣場中。形而上學的追求者與對靈性好奇的人可能會被吸引前來（如同重病者可能也會），找尋奇蹟，一個人可能會變成一塊磁鐵和他們的喜悅泉源。

跨越「失去天恩」的最後分水嶺

伴隨這情況而來的狂喜並非絕對穩定。記住，也會有強烈痛苦的時刻。最強烈的時刻就是當狀態出現變動，沒來由地突然終止時。這些時刻會帶來一段深沉絕望的時期，害怕自己已被存有拋棄。

這些跌落的經驗讓道途更爲艱難，而要克服這些退轉，需要強大的意志力才能辦到。顯然，人最後必須超越這個階段，超越這種「失去天恩」的折磨。於是，當人邁向超越二元對立的艱鉅任務，直到超越所有對立及其衝突拉扯時，狂喜的榮耀就必須被放棄。然而，快樂地放棄小我的鐵鏈枷鎖是一回事，拋棄狂喜的黃金鏈條又是另一回事。感覺就好比人必須放棄神，出乎意料又引發了另一種層次的恐懼，這是踏入絕對單獨前的最後恐懼。

以我自己而言，不存在的恐懼強大無比，我不斷從中退縮。這些強烈痛苦、靈魂之暗夜的目的，於是變得再明白不過——它們如此難捱，因此這劇烈的痛苦激勵人必須付出克服恐懼所需的極端努力。當天堂與地獄間的搖擺不定變得難以忍受時，存在的欲望本身就必須被放下。唯有做到這點，才能超越一切萬有或虛無，超越存在或不存在。這個內在過程的頂峰是最困難的階段，它是最終的分水嶺，在那裡一個人完全意識到，他在此所超越的存在幻覺是不可逆的。從這一步開始，便沒有回頭路，而這不可逆性使這道最後的障礙成爲最令人難以跨越的選擇。

然而，事實上，這自我的最後天啓，這最後剩餘的二元對立性的瓦解——亦即對存在與不存在、對身分認同本身的二元性——在宇宙的神性中瓦解，並沒有留下任何個人意識在做選擇。因此，這最後一步，完全是由「神」所掌控的。

❖ ❖ ❖

依循著這趟美好的旅程前進，你會發現要將意識提升至內在「心靈力」（power）的層面，而非依賴「外力」（force）有多麼容易，你可以成爲一個覺醒、覺知的人，你的生命當然也能從此完全改觀。

引言

一個重大的承諾

Introduction

在我們探索人類問題的本質之際，可以清楚地發現，歷史上從來沒有一個可靠的衡量標準可用來測量並詮釋人類的行爲動機與經驗。而本書，要向你許下一個重大承諾，那就是：提供一種讓你能測試出自己是否受到誤導的方法。

人類的一切努力都朝向一個共同目標，就是試圖了解或影響我們的經驗。為此，人類發展了數不清的描述性與分析性學科，包括道德、哲學、心理學等。為了預測人類的各種趨勢，人們投入了驚人的時間與金錢來進行資料收集與分析。這種狂熱的追尋，代表了人們對發現某個究竟「答案」的期待。我們似乎始終相信，這個「答案」一旦被發現，我們就能解決經濟、犯罪、國家健康或政治問題。但是到目前為止，這些問題我們一樣也沒解決。

原因不是因為缺乏資訊——我們幾乎快要淹沒在資訊裡了。真正的障礙是我們缺乏一個適當的工具來詮釋資訊的重要性何在。我們還沒有問對問題，因為我們尚未有一個適當的計量器來測量問題的相關性或正確度。

不只要問對問題，還需要一套測量工具

人類的進退維谷之處，就是將自己的智識人造品誤認為實相——現在或永遠皆然。然而這個過於造作的假設，只是認知上的獨斷觀點所衍生的產物。我們獲得的答案之所以不完全，是發問者所持觀點受到限制的直接結果。問題的構成只要有些微的錯誤，就能導致隨後答案上的重大錯誤。僅僅是檢視資訊無法讓了解出現，了解是藉由在特定脈絡下檢視資訊而出現的。資訊只有在我們知道它的**「意義」**為何時才有用。要了解資訊的意義，我們不只要問對問題，還需要一套適當的工具，才能以有意義的分類與描述過程來評估資訊。

一直以來，所有思想系統的重大致命缺陷就是：（一）沒有區別主體與客體；（二）忽略基本的研究設計與術語在脈絡上所帶來的限制；（三）對意識本身的無知；（四）對因果關係本質的誤解。當我們使用一套新工具並從新觀點來探討人類經驗的重要領域，這些缺陷就會變得更加明顯。

社會不斷付出努力來修正**「果」**，而非**「因」**，這也是爲什麼人的意識進步得如此緩慢的原因之一。人類甚至還沒有踏上進化階梯的第一階；我們甚至連全球仍有飢餓人口這類最原始的問題都還沒有解決。事實上，到目前爲止，人類成就最了不起的一點就是透過嘗試錯誤法，以近乎盲目的方式不斷摸索而達成。這種隨機尋找解答的方式形成了令人困惑的複雜迷宮，而眞正的答案卻總是具有**「簡單」**的特徵。宇宙的基本法則就是**「經濟」**，宇宙不會浪費任何一夸克的東西，萬事萬物都有其目的並彼此和諧地取得平衡——沒有任何事件是無關的。

除非人學會從顯而易見的表面原因之外尋找答案，否則將繼續困在對自己缺乏認識的窠臼中。從人類的紀錄上來看，我們可能會發現，答案從來不是由辨認世上的「因」而來，而是必須辨認表面原因底下的條件（condition，緣），而這些條件只存在於人類意識中。獨立看待一系列事件且將「因果論」的心理概念投射其上，無法獲得任何問題的決定性答案。**在可見的世界裡沒有因**。正如我們即將示範的，**可見的世界是一個果的世界**。

若經過仔細檢視，會發現尋找有效方法的不同策略都已落入無能辨別本質與非本質的情況。因此到目前爲止，尚未有任何系統能提供解決之道，來區別有效與無效。我們的評估方法在本質上無法做出符合眞相的評估。

社會性的選擇經常是出於權宜、統計謬誤、情感、政治、媒體壓力，或者是個人偏見與既得利益的結果。影響世上所有人生活的重要決定，是在幾乎保證失敗的條件下做出的。由於社會缺乏基於眞相的有效問題解決公式，便一再求助於代價高昂的**「外力」**（它有各式各樣的呈現方式，例如戰爭、法律、賦稅、法則、規定等），而非利用極爲經濟的**「心靈力」**。

理性與感受是人最基本的兩種運作官能，本質上都是不可靠的，從善變的個人與我們集體生存的歷史就可以證明。儘管我們將自己的行爲歸咎於理性，但人類其實主要是根據「模式識別」來運作的。對於資訊的邏輯整理，主要功能也只是強化一種在當時成爲「眞理」的模式識別而已。但是，沒有什麼是「眞實的」，只有在某種特定狀況下，出於一種通常未說明的特定觀點。結果，心思愼密的人推論得出，他的所有問題都是因爲「認識」上的困難而來。最後，頭腦來到了**「認識論」**，一種檢視人類「如何」眞正知道且達到何種程度的哲學支系。這種哲學或許顯得文謅謅且不切題，但他們所提出的問題卻存在於人類經驗的核心。無論我們從哪裡開始檢視人類知識，結果總是讓我們深入觀察**覺知**的現象與人類意識的本質。而我們終於了解到同樣一件事：人類狀況若要有任何的進展，在認識過程中就必須要有一個可驗證的基礎，我們才能信任它。

因此，人類發展的最大障礙，就是缺乏對意識本質的認識。如果我們深入內在去看自己的頭腦在每一剎那間的運作過程，很快就會注意到，頭腦的運作比我們知道的要快得多。顯然，認爲我們的行爲是深思熟慮後的決定這種想法，根本就是天大的幻覺。做決定的過程是意識本身的作用。頭腦做決定時根據的是數百萬個個別資訊之間的相互關聯與投射，這不是我們能有意識去了解的，而且它運作的速度極其快速。而那就是新興的非線性動力科學界所謂的**「吸引子」**能量模式所主導的整體功能。

意識在每一刻自動選擇它認爲最好的，因爲這終究是它唯一能有的功能。每個特定資訊的分量與優點是由運作於個別頭腦或集體頭腦中占優勢的吸引子模式所決定的。這些模式可以被辨識、被描述、被測定，而這個消息將讓我們對人類行爲、歷史及人類的命運產生全新的了解。在我們探索人類問題的本質之際，可以清楚地發現，人類歷史上從來沒有一個可靠的實驗性衡量標準可用來測量並詮釋人類的行爲動機與經驗。

革命性科學：從分辨眞假到量化人類行爲模式的能量

現在肌肉動力學已是一門發展完備的科學了，以測試肌肉對刺激物「全無或全有」的反應作爲基礎。正面刺激會引發肌肉的強反應，負面刺激則會導致受測肌肉明顯變弱。過去二十五年來，以臨床肌肉動力學的肌肉測試作爲診斷技巧，已獲得普遍的驗證。古德哈特博士（Dr. George Goodheart）對此一主題的原始研究資料，也透過戴蒙博士獲得更廣泛的運用。戴蒙博士決定，對刺激物的強弱反應是發生在物質與心理**兩個**層面，他的書也讓一般大衆對這個議題更爲熟悉。

本書的研究進一步運用戴蒙博士的技巧，因爲我們發現，這種肌肉運動反應所反映的，不僅是人類有機體分辨正面或負面刺激的能力，還反映出人類分辨同化作用（威脅生命的）或異化作用（耗損生命的）的能力[1]，而且最不可思議的是，它反映出人類分辨眞假的能力。

測試本身十分簡單、快速，而且幾乎肯定成功：一個明顯眞實的敘述會造成正面的肌肉反應，而受測者若接受一個謬誤的敘述則造成負面反應。這種現象與受測者本身對此主題的意見或知識無關，不但在跨文化的任何族群之間都有效力，而且不會隨時間改變。這是人類史上首度擁有一種能夠辨別眞假的技巧，而且針對隨機挑選、無偏見的受測者所做的測試，無論時間過多久都完全經得起檢驗。

此外，我們發現這個可測試的現象能用於測定人類的意識能量等級，因此一個任意的整數「對數尺度」出現了，它將人類各領域經驗中意識能量等級的相對力量強度加以分級。對此詳盡研究後，得出一個意識的測定尺度，其中利用從1到1000的整數對數，測定了人類意識所有可能等級的力量強度。

數百萬肯定此發現的測定結果又進一步得出人類事務間力量的強度等級，揭露心靈力與外力之間，以及兩者個別特質之間的驚人區別。這又再次促使我們對人類行爲進行全面的重新詮釋，以求辨認出主導它的無形能量場。我們發現，測定的尺度符合**「永恆哲學」**（又稱長青哲學）中的次等級；與社會學、臨床心理學，以及傳統靈性中情感與智識現象的關聯性也立刻出現。

在此，我們是根據當今高等理論物理學與**「混沌理論」**中非線性動力學的發現，來檢視測定的尺度。我們認爲，測定等級代表了意識領域內的強力**「吸引子場域」**，它主導了人類的存在，也因此定義了其內容、意義與價值，並對廣泛的人類行爲模式能量發揮組織化的效果。

根據相對應的意識能量等級，此吸引子場域的分級提供了一個全新的典範[2]，爲古往今來的人類經驗賦予新的脈絡，以實用性而言，藉由評估之前從未有管道能獲得的資料，我們的方法在科學研究的歷史上價值非凡，也很可能爲人類的未來做出巨大貢獻。爲了突顯此技巧作爲研究工具的價值，本書提供各種人類活動的潛在應用範例，例如在純理論上的藝術、歷史、商業、政治、醫藥、社會學及自然科學等；在實用領域上的行銷、廣告、研發等；在經驗領域上的心理、哲學及宗教探索。此外，也在多元的犯罪學、情報工作、上癮研究及自我成長領域提出特定的應用方式。

增進了解生命本質的能力：讓簡單變明顯

要解釋最「簡單」的東西，有時幾乎是不可能的，但只要能深入了解一件簡單的事，了解宇宙

---

① 同化（anabolic）與異化（catabolic）原指新陳代謝的過程。同化主要是合成作用，異化則為分解作用。常作引申義。

② 「paradigm」指一種思想範疇，又譯為範式、範型等。科學研究上所謂的「典範轉移」（paradigm shift）是指思考方式與行為上的重大變遷。

本質與生命本質的能力就會大增。

本書最主要的目的，就是闡述讓簡單變明顯的過程。然而，正因爲在此介紹的主題是極其簡單的，因此在這迷戀複雜的世界，反而很難介紹給世人。儘管我們不信任簡單明瞭，還是可以看到世界上大致有兩類人：信者與不信者。對不信者而言，任何事被證明爲眞之前都是錯的；對信者而言，任何誠心說出的事都有可能是眞的，除非它被證明爲誤。憤世嫉俗的懷疑論者所表現的悲觀姿態源自於恐懼，而接納資訊的較樂觀態度則來自於自信。兩種風格都行得通，各有優劣。因此，我面臨的問題就是，很難以同時滿足這兩種方式的做法介紹我的研究資料。

因此，本書的風格是以修辭中的「矛盾修辭法」③來呈現，如此便可協助理解對象兼顧所謂的左腦思維與右腦思維。事實上，人類是透過「模式識別」認識事物的——要掌握一個全新觀念，最簡單的方法就是透過熟悉的過程。這種理解方式是以一種「讓事情完成」的寫作風格來促成。本書不用零星的形容詞或例子來表達想法，而是利用不斷的重複讓新觀念出現並完成。該想法於是「完成了」，頭腦也就安心了。

這種方法十分理想，因爲閱讀第三章的頭腦和閱讀第一章的頭腦是不一樣的。因此，認爲一定要按照順序從第一章一直讀到全書末的這種想法，純粹是僵化的左腦概念。那是牛頓物理學走的路線，是來自於對世界的受限與限制性觀點，而認爲一切事件都該按照 A→B→C 的順序發生。這種目光短淺的形式源自過時的現實典範。我們採取的是更寬闊、更全面的觀點，汲取了不光是高等物理學、數學及非線性理論的精華，更採用了任何人都可用自身經驗來驗證的直覺。

總體而言，介紹這份研究資料的最大挑戰是：必須在線性、逐句的結構中來理解非線性概念這種矛盾。產出這些資料的衆多科學領域本身就已經夠複雜、夠困難了，包括高等理論物理與數學相關知識、非線性動力學、混沌理論與其數學、高等行爲肌肉動力學、神經生物學、紊流理論，還有哲學方面的認識論與本體論。除此之外，也必須處理人類意識的本質問題，這是各類科學一向望之卻步的未知領域。要在最後以純粹智識上的觀點來理解這些學科，將是浩大的工程，得花一輩子來研究。相較於投入如此艱鉅的工作，我反而想嘗試萃取每一學科的精華（而且只處理這些東西）。

即使是開始解釋本書基礎的測試技巧如何作用，也無可避免會將我們帶往高等理論物理、非線性動力學及混沌理論的智識領域。因此，我會盡量以非技術性用語來介紹這些學科。你毋須擔心自己不夠博學多聞來消化這些資訊——事實並非如此。我們會不斷在相同的觀念上打轉，直到對你來說變得清楚明白爲止。每一次我們回來對某個例子做一些評論時，你就能對它有更全面的了解。這種學習方式就像在飛機上勘查新環境一樣：走第一遍時，一切看起來都是那麼陌生；第二次，我們

③矛盾修辭法（oxymoronic），以一種簡單且明顯互相衝突的詞彙來表達一個複雜或模稜兩可的狀態，例如「冷火」或「聰明的傻子」。矛盾修飾法反映的是一種似非而是或稱為悖論的本質，而這似非而是源自於不同層次之抽象概念間的對比，有時是源自不同脈絡與觀點下的概念呈現。

注意到了幾個參考點；第三次，似乎開始有些條理；最後，我們僅透過不斷置身其中便熟悉了。頭腦內建的模式識別機制接管了其餘一切工作。

天才資料庫，人人皆共享

我擔心自己即使已卯盡了全力，讀者可能仍舊無法了解本書最重要的訊息，因此爲了平息我自己的恐懼，我在此先將它清楚說出來：

人類的個別頭腦就像一部連結至一座巨大資料庫的電腦終端機，這座資料庫就是人類的意識，而我們的認知只是意識的個人表達，它的根是在所有人類的共同意識裡。這座資料庫是「天才」的領域，因爲身爲人類即代表著分享這座資料庫，所以每一個人生而具有取用這份天賦才能的權利。資料庫所包含的無限資訊，已證明能在瞬間讓任何人取用，無論何時、何地。這著實是個不可思議的發現，無論對個人或集體而言，皆擁有改變生命的力量，而且影響的程度是我們始料未及的。

此資料庫超越了時間、空間，以及所有個人意識的限制，成爲未來進行研究時一項獨一無二的工具，並開啓了一個人類不曾夢想過的潛在研究領域。它所帶來的美好展望是爲人類的價值、行爲與信念系統建立一套客觀的基礎。利用此方法所獲得的資料，爲了解人類行爲揭開一個全新的脈絡，並帶來了驗證客觀眞相的全新典範。由於任何人都可以在任何地方、任何時間使用這個技巧，因此它能以可見而可驗證的眞理爲基礎，爲人類經驗開啓一個新時代。

儘管這個主題已被證實極易透過演講或影片來教學，但我的挑戰是將它處理成易閱讀的形式。證據可能很複雜，示範怎麼做卻超級簡單——小孩馬上就能學會，而且會玩得很開心，因此對他們來說這沒什麼好奇怪的。他們一向知道自己和這個資料庫是連接在一起的，只是我們大人忘記了。小孩與生俱來的天才呼之欲出，這也是爲什麼小孩會看到國王根本沒有穿新衣。天才就像這樣。

一套正確分辨眞假、分辨可行不可行、分辨善惡的方法就近在眼前。我們有能力看清楚那潛在的力量，它至今仍被忽視，但卻決定著人類的行爲。我們擁有一套唾手可得的方法，可以爲從前無法解決的個人或社會問題找到答案。謊言將不再操縱我們的生活。

一個分辨眞假、通往開悟的工具

本書向讀者許下一個重大承諾，這或許也是你曾被給予的最大承諾，那就是：它提供一種讓你能測試出自己是否受到誤導的方法（你再也不會在未經測試前就去讀一本書或相信任何重要的教導，那太危險，代價也太大了）。此版本研究報告的「眞理等級」經測定爲810（見附錄一），在當今文化裡，如此高分是十分罕見的。但願它也是履行保證的一部分。

事實上，我們的研究團隊已利用本書所述的測試法來測定每一個章節、段落，以及每一句話的眞理等級。（例如，測試結果讓我們發現一個因名氣而自我毀滅的名人名單上的錯誤。當我們檢查每一個字時，發現「約翰．藍儂」這個名字有誤——因爲他不是死於自我毀滅，而是被槍殺的。把他的名字刪去後，該句子與該段落、該頁面的眞理等級就提升至和其他頁面一樣的水準了。）

我們還發現一件有趣的事，就是受測者在接觸本書內容後分數就提高了。似乎只要接觸到這些資料，就能「提升」受測者的意識能量等級。由於這份研究的效果與應用範圍十分多元，任何一部分內容都能加以延伸或聚焦，以配合閱聽眾的興趣，而部分內容已被各類特定團體在臨床上示範過。然而此處詳述的研究方法，其進一步的運用與推論仍寥寥可數。雖然本書的結論是來自長達二十年的研究，加上對數千名受測者進行不下數百萬次的測定才獲得的心血結晶，但它代表的只是一個探索的開始，探索這方法在所有藝術與科學面向上用來增進人類知識的潛力。或許，它應許下的最重要承諾，就是成爲人類靈性成長與漸趨成熟而臻至人類最高意識等級，甚至開悟的輔助工具。

本書能將這樣的了解帶給所有人。這個出自生理學與意識的偶然結合、人類神經系統的作用，以及宇宙物理學的啓示，其實一點也不意外，只要我們記得提醒自己：我們終究是宇宙的一部分，在這個宇宙裡，所有東西都是相互關聯的。因此，理論上，至少它的所有祕密都能被我們取得，**如果我們知道往哪裡找的話**。

一個人能拉著自己的拔靴帶把自己抬起來嗎？當然可以。他只要增加浮力即可輕鬆上升到更高的位置，而外力可辦不到，但心靈力不僅可以，也一直在這麼做。

人常以爲自己是憑藉自身所控制的外力來生活，但其實他是受到未知來源的心靈力所支配，這種心靈力是他**無法**控制的，因爲心靈力是不費力的，是看不見且無法預料的。外力透過感官來體驗，而心靈力只能透過內在意識來辨識。人類因與自己無意識啓動的強大吸引子能量模式強烈共鳴，而陷入當下情境中動彈不得。他一刻又一刻在這種進化狀態中持續暫停，被外力的能量所限制，被心靈力的能量所推動。

每個人都好比意識大海裡的一塊軟木塞——不知自己身在何處，也不知道自己從哪裡來、往哪裡去，更不知道爲什麼會這樣。人類在自身這道無盡的謎題中不停地轉呀轉，一世紀又一世紀，重複問著同樣的問題，若不出現意識的量子跳躍，我們將永遠如此。能夠讓這種環境與自身理解瞬間擴張的，就是內在的解脫、喜悅，以及深深的敬畏之情。所有曾有過這種經驗的人，事後都感覺宇宙賜給了他們一個珍貴的禮物。事實論據透過努力而累積，眞理卻毫不費力地自我坦露。

如果你讀到本書的最後時大聲喊道：「我一直都知道是這樣！」那麼本書就成功了。書中內容只是反映出你早已知道，只是自己並不自覺的東西。我們的目的只是將各個點和點之間用線連接起來，好讓隱藏的圖像清楚浮現。本書也希望能解除痛苦、煩惱及失敗的根源，幫助每一個人在人類意識進化的路途上提升至喜悅的層次，這個層次應是每一個人類經驗的精髓。但願透過這本書，你能對個人的內在啓蒙有更全面的了解，並爲它的來臨做好準備。這件事是人類最終極的冒險。

第一部

工具

第一章

了解意識的關鍵性進展

Critical Advances in Knowledge

在本書將描述的實驗中，我們會看到，身體對於哪些東西對生命有益、哪些無益，能夠分辨到極精微的程度。

本研究始於一九六五年，能夠演變至今，乃拜數種科學領域的發展所賜。人們在神經系統生理學與人類有機體的整體性功能這兩方面所做的臨床研究，促進了一九七〇年代一門新興科學的發展：**「肌肉動力學」**。當時在科技上，電腦程式已能夠在區區數毫秒間執行數百萬計的運算工作，因而造就了人工智慧的新興工具。突然間，我們變得有能力獲得過去無法想像的大規模資料，從而對自然現象也連帶產生了革命性的新觀點，亦即**「混沌理論」**。與此同時，在理論科學的範疇，量子力學帶動了高等理論物理學的發展，透過相關數學的研究，一種全新的**「非線性動力學」**興起了——這是現代科學影響最深遠的發展之一，它的長期影響效益，至今我們仍無從得知。

心是用身體來思考的

肌肉動力學首度揭露了身與心之間的密切關係，指出心是用身體來「思考」的。因此，它提供了一條康莊大道，讓我們得以探索意識在疾病過程背後的精微機制中是如何自我展現。

高階電腦能透過圖像描述出龐大的資料，呈現出牛頓物理學視爲無法破譯或無意義而一向忽視的資料（混沌）。各種領域的理論學家突然能夠有條不紊地了解一向被視爲毫無條理或非線性的資料了——這些資料從前十分散亂、「混沌」，根本無法以傳統的概率邏輯理論和數學來理解。

針對這些「毫無條理」的資料進行分析之後，發現了隱藏在表面隨機的自然現象背後的能量模式——也就是**「吸引子」**（這一向是非線性方程式的高等數學所假設存在之物）。電腦繪圖更清楚地顯示了這些吸引子場域的圖形。從迥然不同的領域，例如流體力學、人體生物學及恆星天文學之間，分析得出我們原以爲無法預測的系統，其潛能似乎無可限量。（然而除了市面上出現的一些引人注目、以「碎形」幾何理論製造出來的電腦圖形[1]，一般人對非線性動力學這領域所知仍然有限。）

在這些新發現尚未出現之前，線性科學的發展早已偏離了對生命基礎的關切——事實上，所有的生命過程都是非線性的。這種分離現象也是醫學發展的特徵，醫學界在面對肌肉動力學這個了不起的發現時，竟對它所提供的資訊視而不見，只因它缺乏脈絡與現實典範，令人無從理解。醫學已忘記自己是一門「藝術」，而科學僅僅是這門藝術的工具。

醫學界傳統派人士總是對精神醫學敬而遠之，因爲探討人類生命中無法測量的領域似乎較不「科學」——從牛頓學派的觀點來看確實如此。理論精神醫學其實從一九五〇年代開始，就在精神藥物學方面出現重大的科學突破。然而，它仍是醫學上最非線性的領域，研究的是諸如直覺、做決策，以及生命「**過程**」中的一切現象等主題。儘管在理論精神醫學的文獻裡，幾乎不曾提到愛、意義、價值、意志等議題，但和其他傳統醫學領域相比，精神醫學至少試圖陳述一個較爲寬廣的人類視野。

---

[1] 碎形（Fractal）：有別於傳統的歐基理德幾何，專門處理不規則、不定形的圖形，如大自然的河流、山脈、樹葉形狀等。碎形圖形的特色是不規則與無限長，而「奇特吸引子」是由碎形曲線組成的。經典的例子就是試圖決定英國的海岸線有多長：如果一個人用越來越小的測量尺度來增加長度，它就會變成無限長。「碎形」意味著一個有限區域中的無限長度。

深入研究意識本質

無論從哪一門學科（哲學、政治理論、神學……）開始探詢，所有的探詢途徑最後終究會在同一個點會合：追求對純意識本質的系統性理解。然而以上提及的所有人類主要知識學科（包括肌肉動力學與非線性動力學），都在探索人類意識本質這人類知識的最後一道障礙前愕然停止。不過，某些先進的思想家的確跨越了他們領域的界線，開始針對人心經驗中宇宙、科學與意識之間的關係提出問題。隨後我們也會提到他們的理論與對人類了解的進展所產生的影響。

本研究工作的內容巧妙結合了這門科學，自成一套簡單明瞭、成果豐碩的方法。我們也因此發現，意識確實是可以深入研究的。雖然目前爲止這方面的研究尚缺乏一份清楚的地圖，但相關研究已建立起自己的研究設計與了解研究發現所需的脈絡。

既然宇宙中的一切事物都與其他一切互相連結，那麼本研究的主要目標之一——意識能量場的地圖——若與其他的研究途徑互有關聯、互相印證，以一種涵攝一切的典範將多元的人類經驗結合起來，也就不足爲奇了。如此的洞見能夠避開主體與客體之間人爲的二分法，超越製造二元對立幻覺的受限觀點。事實上，主體與客體是一體且相同的，不必透過非線性方程式或電腦圖像就可獲得證明。

將主體與客體視爲一體之後，我們就能超越時間概念的限制，時間的定義是了解生命本質的一大障礙，尤其當它表現在人類經驗中時更是如此。若主體與客體眞的爲一體，那麼我們僅憑觀察一個人的內在，就能找到所有問題的答案。僅僅是將觀察所得記錄下來，我們就能看見一幅壯觀的畫面，說明了未來的研究將海闊天空、無所限制。

每個人都擁有一部遠比最精密的人工智慧裝置更加先進的電腦，而且唾手可得——它就是人類的頭腦本身。所有測量工具的基本功能，只是針對它所偵測到的微小改變發出信號。在本書將描述的實驗中，人體的反應即是那個反映情況改變的信號。我們會看到，身體對於哪些東西對生命有益、哪些無益，能夠分辨到極精微的程度。

這並不令人意外，畢竟衆生對有益生命的東西都會做出正面反應，對無益的東西則做出負面反應，這其實是生存的最根本機制。所有生命體都繼承了偵測改變並正確反應的能力，因此，樹木在高海拔地區會縮小自己的體積，因爲大氣裡的空氣變稀薄了，而人類的原生質②遠比樹木的要敏銳多了。

我們用來勾勒人類意識地圖的研究方法是出自非線性動力學的研究，稱爲**「吸引子研究」**。它是利用**「臨界點分析」**來定義能量場的強度範圍。（臨界點分析技巧背後的原理是：在任何高度複雜的系統中，有一個特定的、臨界的點，來到該點時，最小的輸入就能造成最大的改變。例如，風

②原生質是構成細胞的物質總稱，包括細胞膜、細胞質、細胞核。

車的最大齒輪能藉由輕輕按下正確的脫離機制開關而停止，而只要你知道要把手指往哪裡按，即便是癱瘓一個巨型火車頭也是有可能的。）

非線性動力學讓我們得以在一個複雜的呈現中辨識出這些重要模式，即使它們因漫無條理而顯得隱晦，或看起來像一團無法解讀的資料。它在世人視爲無關而拋棄的東西裡發現了相關性，而且採取全然不同的途徑，以及迥異於世人所熟悉的問題解決方法。

人們一向認爲，問題的處理必須在一個依循明確步驟與邏輯發展的時間順序裡執行，從已知（問題或條件、狀況）移動至未知（答案）。非線性動力學卻是以相反的方向移動：從未知（問題的非決定性資料）到已知（答案）！它是在一個不同的因果關係典範中運作的。問題被視爲定義與通道之一，而非屬於邏輯順序之一（即藉由不同的方程式來解決一個問題）。

但是，在我們進一步定義本研究的問題時，讓我們先詳細了解之前介紹過的一些內容。

吸引子

「**吸引子**」是指來自表面上無意義的大量資料中的一個可辨識模式。所有表面上不一致的東西裡皆隱藏著一致性，愛德華・羅倫茲首度從大自然中證實這個觀點。羅倫茲研究的是長期氣候模式的電腦圖，他所定義的吸引子模式即是當今十分知名的「羅倫茲蝴蝶效應」[3]（見圖一）。

不同的吸引子由不同名稱來表示，例如「**奇特吸引子**」[4]，但是對我們的研究工作來說，最重要的是發現有些模式威力強大，有些則微弱多了。這兩個類型之間有一個區分的臨界點，此現象與化學鏈數學裡的高、低能量鏈現象是類似的，且爲必然的結果。

主導場域

主導場域表現在高能量模式對低能量模式產生影響的時候。可比擬爲一個小型磁場同時存在於一個比它巨

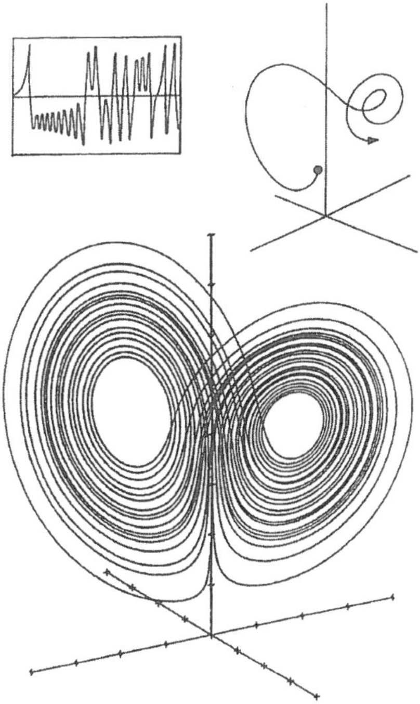

圖一：羅倫茲蝴蝶效應

③ 這就是後來為世人所熟知的「蝴蝶效應」，最知名的通俗例子就是巴西的蝴蝶所拍動的翅膀，就可能在美國德州引發龍捲風。

④ 奇特吸引子（Strange Attractor），一九七一年由大衛·魯勒（David Ruelle）與佛羅里斯·泰肯（Floris Takens）在一個理論中所提出的詞彙，該理論描述：有三個獨立動作是製造宇宙所有複雜性與非線性模式的一切所需。奇特吸引子是相空間中的一個模式。該模式是由動力系統之時間中的動力點所描繪的。一個吸引子場域的中心點，可類比為一個軌道的中心。

大許多的巨型電磁場之內。現象的宇宙就是無量不同強度吸引子模式互動的展現。生命無盡的複雜呈現，即是這些場域擴張、縮小，混合其諧波與其他互動的無盡迴響。

臨界點分析

傳統牛頓學派的因果關係（見左頁）排除了所有的「非確定性」資料，因爲它們無法適用於其典範。然而，隨著愛因斯坦、海森堡、貝爾、波耳及其他傑出科學家的發現，我們的宇宙模型迅速擴大了。高等理論物理證明宇宙中的萬事萬物皆微妙地相互依存。

古典牛頓學派的四度空間宇宙經常被形容爲一個擁有三度空間的巨大鐘錶機械裝置，在時間中以線性的過程展現。如果我們觀察構造更簡單的鐘錶機械裝置，就會注意到有些齒輪轉動緩慢而笨重，有些則轉動得很快，具有如迴避機制般來回穿梭的微小平衡。若對其中一個大型齒輪施壓，對整個機制不會產生什麼影響，但是，整個結構有一個非常微妙的平衡機制，只要輕輕碰觸到某個地方，整個裝置就會停擺，這個地方就稱爲「臨界點」。在這個點上，最小的外力就能產生最大的結果。

因果關係

在可見的世界裡，因果關係在傳統上的假設是以如下方式運作：

這稱爲「確定性線性順序」，就像撞球般按照順序撞擊彼此。這個假設意味著A導致B導致C。

但是，我們的研究指出，因果關係是以完全不同的方式運作的：

從上圖中我們可以看出，不可見的「因」（ABC）導致了A→B→C的順序結果，此結果爲可測量的三度空間世界裡的可見現象。這世界試圖處理的典型問題存在於A→B→C的可見層面，但我們的工作是找出內在的吸引子模式，也就是生出A→B→C的ABC。

在這個簡單的圖形裡，作用因子超越了可見與不可見兩者，我們可以想像它像彩虹一樣，橋接確定性與非確定性的範疇。（作用因子的存在可由以下的提問推論而出：「什麼東西涵蓋了可能與不可能的兩者、已知與未知的兩者？」——也就是，什麼是一切可能性的基礎母體？）

這個關於宇宙如何運作的描述和物理學家大衛．波恩的理論一致。波恩描述了一個全像宇宙，包括不可見的「內涵面」（內折的）與一個表現在外的「表述面」（外展的）秩序。重要的是，我們必須注意，這個科學洞見符合歷史上那些進化程度已超越意識、達到純粹覺知狀態的證悟智者所經驗到的現實。波恩提出了一個超越「內涵面」與「表述面」兩個領域的來源，與智者所描述的純粹覺知狀態非常類似。

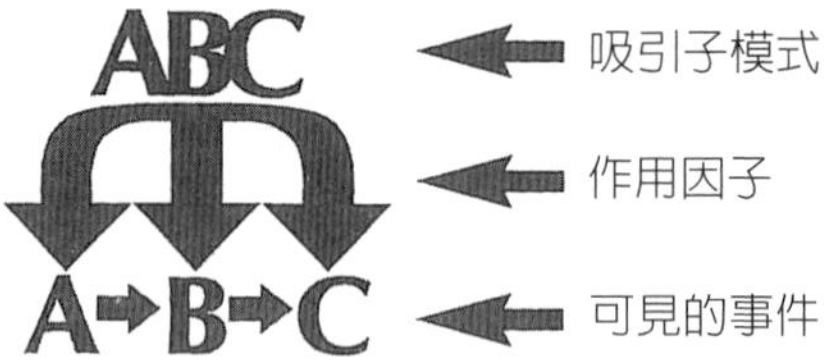

❖ ❖ ❖

人工智慧超級電腦的出現，讓我們能透過**「神經生理模型建構」**的技巧，將非線性動力學理論應用在腦功能的研究上。記憶的功能更是專門運用這個方法來研究，而模型裡的吸引子網絡已獲得證實。目前研究的結論是，大腦神經網絡的作用猶如吸引子，好讓系統整體不會恣意而爲，儘管每一個個別神經元可能仍會任意而爲。

意識的神經元模型揭示了一個神經元網絡的類別，稱爲**「限制滿足系統」**。在這些系統中，一個神經元單元互相連結的網絡在一連串的限制之內運作，因而建立了吸引子模式，其中有些模式已受到精神病理學證實。這種模型建構與生理學的行爲互有關聯，而且與肌肉動力學的肌肉測試結果相似，也由此證明了心與身之間的關聯。

接下來所敘述的臨床研究，證明了援引自混沌理論的詞彙「相空間」⑤的存在，它涵蓋了人類意識進化的完整範圍。在這個範圍中，許多個強度逐步增強的吸引子模式已被命名。這些模式代表意識品質的能量場，而非某個特定個人的能量場，從其發生於廣大的人口範圍、橫跨一段非常長的時間，而且獨立於施測者和受測者的特性中可見一斑。

意識的進化和人類社會的發展可以用數學上的非線性動力學來描述。我們的研究涉及一組意識的有限參數，測定值是從1到1000。這些數字代表了個別場域的強度「對數」（以10爲底數）。意識本身的整個場域或相空間是無限的，可以直到永恆。1到600的範圍代表人類經驗的廣大多數，也是本研究的主要範圍；600至1000是非尋常進化的領域——屬於證悟、智者，以及最高的靈性狀態，我們也會加以描述。

在我們的研究中，出現了吸引子場域漸次力量強度的循序模式，場域中雖有區域性變化，卻具有全體的一致性。奇特吸引子可以是高能量或低能量，而我們資料中的臨界點出現在測定值200，低

⑤相空間（phase space），一個在多維度中將時間與空間資料濃縮至一模式的地圖。

於200的吸引子力量被描述爲弱的或負面的，高於200則爲強的或正面的。當我們達到測定值600時，吸引子的力量已極爲強大。

混沌理論裡有個重要元素對了解意識的進化很有幫助，就是**「初始條件敏感依賴性」**，指的是在一段時間裡的一個極微小變化就能造成巨大的影響與改變，如同行駛船時羅盤上只要偏離一度，最後就會偏離軌道幾百哩之遠。我們稍後將會再詳細解釋這個現象，這是所有進化的核心機制，也是潛在創造過程的基礎。

有個強而有力的模式在左右人的行爲

綜觀而言，自古以來，人類一直試圖理解人類行爲的極端複雜性與經常的不可預期性。人們建立了爲數眾多的系統，只爲了要讓那無法了解的事變得清楚明白。「理解」通常意味著以線性的方式來定義，亦即合乎邏輯與理性。但是，生命本身的過程與經驗卻是有機的，也就是說，是非線性的。這就是人類在智識上無可避免會感到挫敗的根源。

不過，在這份研究中，測試反應與受測者的信念系統或知識無關。測得的結果是意識本身的能量場模式，與個人的身分認同無關。用一般左／右腦導向的措辭，我們可以這麼說：受測者對某個吸引子場域做出的反應是全球性的，與他們在左腦的邏輯、推理或循序性思維系統上的差異無關。本研究的結果指出，是極爲強而有力的模式在組織著人的行爲。

那麼，我們可以憑直覺知道，有個存在著無限可能的無限領域（即意識本身），其中有個巨大的強力吸引子場域組織著所有的人類行爲，讓這些行爲成爲「人性」的固有特質。在這個巨大的吸引子場域中，存在著能量與強度漸次降低的一些循序式場域。這些場域反過來支配著行爲，因此可定義的模式在人類歷史上的任何文化或時間點，都是一致的。這些吸引子場域中的變化所形成的互動，構成了人類與文明的歷史。（某個附帶的研究指出，動物與植物王國亦是由呈現漸次強度的吸引子場域所控制。）

我們的研究與魯珀特·謝德瑞克的「形態生成場」假設和卡爾·普里布蘭的「大腦與心智功能的全像式模型」有密切關係。（注意，在全像式宇宙中，每一個個人成就都對整體的福祉與進步做出貢獻。）我們的研究也與諾貝爾獎得主約翰·艾克斯爵士的研究結論密切相關，他的研究指出，大腦的作用是一個接收組，接收存在於心智中的能量模式，該心智以意識的形式存在，而意識以思想的形式表現。宣稱思想是「我的」，只不過是小我的虛榮心作祟罷了。天才不這麼做，他們通常會將自身覺知的創造性飛躍來源歸功於一切意識的根本，也就是傳統上稱爲「神性」的東西。

第二章

歷史與研究方法

History and Methodlogy

本研究以長達二十年的研究成果爲基礎，包括數以百萬針對不同年齡層、不同人格類型及不同職業的數千位受測者所做的測定資料，從所謂的「正常人」到嚴重的精神病患都有，但所有測試結果無一例外，全是相同且完全可複製的。

之久。所有的治療師與研究人員都普遍觀察到，測試反應完全獨立於受測者的信念系統、智識上的意見、理性及邏輯。他們也注意到，受測者測試爲弱的反應也同時伴隨著大腦半球喪失同步化的現象。

測試技巧

進行測試需要兩個人。一位是將一隻手臂自身體側面舉起、與地面平行的受測者，另一位則以兩根手指從受測者的手腕處往下壓，並說：「抵抗。」受測者的手臂必須全力往上抵抗測試者的下壓力量。整個過程就是如此。

敘述句可由兩人中的任何一方來說。當受測者在心裡想著這句話，他的手臂可接受施測者的下壓測試。如果敘述句是負面的、錯誤的或反映出200以下的測定值（見第三章的「意識地圖」），受測者則會「變弱」。如果答案是肯定的或測定值高於200，他則會「變強」。

要示範整個過程，可請受測者在測試時想著廣受敬愛的人，以及被衆人害怕、厭惡，或者對其抱有強烈遺憾、後悔之情的人。

一旦得出數值尺度，便可以如下方式獲得測定值，首先說：「此項目」（例如此書、此機構、此人的電影等等）是100以上，然後說「200以上」，接著「300以上」，直到獲得負面反應爲止，即得出測定值。然後，測定就可以再精密一些：「是220以上？225以上？230以上？」以此類推。受測者與施測者可以交換角色，但還是會獲得同樣的結果。熟悉這個技巧之後，就可以用它來評估公司、電影、個人或者歷史事件，也可以用來診斷目前的生活問題。

請注意，這個程序是用肌肉測試來驗證一個「陳述句」的眞假。如果問題並未以陳述句的方式來表達，得到的結果就不可靠。詢問關於未來的問題也無法得到任何可靠的結果，只有與目前狀況或事件有關的陳述才能得出前後一致的答案。

測試過程中必須保持中立，以避免傳送出正面或負面的感覺。讓受測者閉起眼睛，而且不要有任何背景音樂，可增加測試的正確度。

由於測試簡單到令人極易掉以輕心的程度，因此發問者應該先確認其正確度，直到令自己滿意爲止。測試反應可藉由交互問答來檢查，每個人在熟悉本技巧之後，都會想到一些確保可靠度的方法。人們很快會發現，他們在所有受測者身上都得出相同的反應，施測者對問題也不需具備任何知識，而且測試反應永遠都與受測者個人對問題的意見無關。

提出問題前，我們發現先測試以下的陳述會很有幫助：「我可以問這個問題。」這就類似登入電腦終端機，你偶爾也會得到「否」的答案。若是如此，就表示要先將問題擱置一旁，或繼續探詢「否」的原因，或許提問的人當時曾經歷過該問題或與問題有關的心理創傷。

在本研究中，受測者被要求專注在某個特定想法、感受、態度、記憶、關係或生命情境裡。測試經常在多個大群組之間進行，爲了示範，我們會先建立基準點：要求受測者閉起眼睛，沉浸在一個憤怒、沮喪、嫉妒、充滿罪惡感或恐懼的回憶裡——在那個當下，每個人皆測試爲弱。然後我們再請他們回想一個充滿愛心的人或生命情境，這次則每個人都測試爲強——這個結果通常會在觀衆席間掀起一陣驚訝連連的騷動。

下一個示範的現象是僅在腦海中想像一個東西的畫面，卻也能測出有如該物實體眞的接觸到受測者的效果。例如我們拿起一顆栽種時灑了農藥的蘋果，然後請觀衆在接受測試時直接看著它，結果所有人都測試爲弱。接著我們換了一顆有機、無污染的蘋果，再請觀衆把注意力放在蘋果上，結果他們立刻就測試爲強。由於觀衆裡沒有人知道這兩顆蘋果有什麼不一樣，因而對蘋果的測試也沒有任何期待，如此，就以大家都信服的方式證明了這個方法的可靠度。

記住，每個人處理經驗的方式都不一樣——有些人以感受模式爲主，有些人是聲音導向，有些人則是視覺導向。因此，測試的問題應該避免用「你覺得如何」這樣的措辭來形容一個人、一個狀況或經驗，或是像「這看起來怎麼樣」、「這聽起來怎麼樣」的用語。通常當施測者說「腦海中想著某個情況（或一個人、一個地方、一件東西）」時，受測者就會立刻自行選擇最適合他的模式。

偶爾，受測者爲了要掩飾自己的反應，或許甚至是下意識這麼做，他們會選擇一個不是自己習慣的處理模式，然後給出一個錯誤的反應。施測者得到這樣的反應時，就應該換另一種措辭來問問題。舉例來說，病人對自己的母親很生氣，但是他自己對這件事充滿罪惡感，當他腦海裡想著母親的照片時可能會測試爲強。但是，如果施測者換個措辭來問問題，問受測者腦海中想著目前對母親的態度，受測者便會馬上測試爲弱。

想維持測試正確度，還得注意要拿掉眼鏡和帽子，尤其是金屬框眼鏡（放人造合成材料在頭頂上，讓每一個人都變弱）。測試的那隻手臂不要戴任何珠寶首飾，特別是石英的腕錶。如果出現不規律的反應，就必須進一步探究原因——例如可能是施測者擦香水，導致患者出現抗拒的反作用而得出錯誤的負面反應。如果施測者一再嘗試卻仍無法得到正確的反應，就該評估是否是他的聲音對其他受測者造成了影響。某些施測者也可能在聲音中表達過多的負面情緒而影響了測試結果，至少有時候是如此。

出現矛盾結果的另一個可能因素是心中畫面或回憶的時間點問題。如果受測者心裡想著一個人，以及自己和他的關係，反應則會依心中畫面或回憶所代表的不同時間點而有所不同。如果他想起了自己童年時的兄弟關係，那麼測出的結果可能與他想起目前的兄弟關係不一樣。提問必須要很精確才行。

造成矛盾測試結果的另一個因素是與受測者的身體狀況有關，受測者可能因爲接觸了非常負面的能量，令胸腺功能出現壓力過大或沮喪的狀況。胸腺就在胸骨頂的正後方，是身體針灸能量系統的中央控制器。當它能量低落時，測試結果就會失準，但可藉由戴蒙博士發現的一個稱爲「敲打胸腺」的簡單方法，在幾秒鐘之內補救這個問題。將拳頭緊握，有節奏地敲打這個部位數次，同時微笑並想著你親愛的人。每一次敲打時都說「哈——哈——哈」，然後再重新測試一次，你會發現結果顯示胸腺恢復能量，測試結果也恢復正常了。

本研究使用的測試程序

方才敘述的測試技巧是戴蒙博士在《行爲肌肉動力學》一書中所建議的方法。我們研究所用的方法與之相比，唯一的不同處是測試反應與「對數尺度」間的關聯。對數尺度是用來測定不同態度、思想、感覺、狀況及關係的相對能量強度。由於測試過程十分迅速，事實上只花不到十秒鐘，因此要在很短的時間內處理與這些事情相關的極大量資訊是可能的。

測試的數值尺度是從受測者身上自然得出的，範圍從純物質存在的1到一般意識頂點的600，再到高等開悟狀態的1000。以單純的「是非題」反應來決定受測者的測定值，例如：「如果只是活著是1，那麼愛的力量是大於200嗎？」（受測者測試爲強，表示「是」。）「愛是大於300嗎？」（受測者仍然測試爲強。）「愛是大於400嗎？」（受測者保持強壯。）「愛是等於或大於500嗎？」（受測者仍測試爲強。）在這個例子裡，愛的測定值即爲500，而且這個數值已證明是可複製的，無論接受測試的人數多少都一樣。如此重複測試之後（以個別或團體的施測者及個人或團體的受測者來做），即會出現一個前後一致的等級尺度，這個尺度與人類經驗、歷史、共識，以及在心理、社會、心理分析、哲學與醫藥等方面的發現互有關聯，也與「永恆哲學」裡的意識階層密切對應。

施測者必須十分謹慎，了解到某些問題的答案可能會引發受測者的不安，因此不能以不負責任的態度來使用本技巧，而且永遠都要尊重受測者的意願。永遠都不可以用這技巧來挑釁。在臨床的狀況下，不可以問受測者私人的問題，除非帶有明確的治療目的。不過，提出一個排除受測者個人參與的問題，讓他純粹發揮指標功能來達到測定目的，這種情況是有可能的。

測試反應與受測者的身體力量無關。經常有肌肉發達的運動員在看見自己面對有毒刺激時和每個人一樣測試爲弱，便驚訝得目瞪口呆。施測者可能是個體重不到一百磅的瘦弱女人，而受測者可能是體重兩百磅以上的職業橄欖球員，但是測試結果仍會一樣，因爲瘦弱女人可以用兩根手指頭就把強壯的手臂壓下去。

要得出正確的結果，執行肌肉動力學測試的雙方在「正直」項目的測定值至少都要等於或大於200，而且動機必須正直誠實。關於數值的測定，也必須指明本研究工作所使用的特定尺度，譬如：「在1到1000的尺度裡，200是正直或眞相的等級，這個＿＿＿＿的測定數值爲＿＿＿＿。」或者，也可以僅僅指明該尺度，或看著它，或想像它，也就是「根據指定的尺度，這個＿＿＿＿的測定數值爲＿＿＿＿。」除非暗示一個特定的參照尺度，否則可能會得出離譜的錯誤結果。

第三章

首度描繪出意識能量地圖

Test Results and Interpretation

這份意識地圖能夠改變自己對因果論的了解。當某人的看法隨著他的意識能量等級進化時，人們所謂的「因的領域」其實就是「果的領域」。對自己的看法負起責任，就能超越受害者的角色，進而了解到「沒有任何外在的事物能控制你」。

這項研究的目的之一，就是製作一份意識能量場的實用地圖，為人類探索史上這神祕未知的地帶，描繪出其範圍與概略的輪廓。為了讓讀者更容易了解，各個不同能量場所得出的數值已是四捨五入為整數的比較值。

當我們查看「意識地圖」（如左），會發現測定等級與意識的特定過程（如情緒、觀點或態度、世界觀、靈性信念等）互有關聯。若非篇幅有限，這份地圖還可以延伸到人類行為的所有領域。自始自終，所有研究結果皆互為佐證，而且探索得越詳細、越廣泛，彼此相互佐證的情況就越多。

意識能量等級的關鍵反應點是測定值200，它是與正直和勇氣有關的等級。所有測定值低於200的態度、想法、感受、聯想、實體或歷史人物都會使人變弱，測定值較高者則會使人變強。這是強弱吸引子之間及正負面影響之間的平衡點。

等級200以下，一個人的主要動力是求生存，儘管在這尺度的最底層（絕望與消沉的地帶）甚至連求生存的動機都沒有。等級稍高的「恐懼」與「憤怒」，主要特徵就是出於求生存動機的自我中心驅力。在「驕傲」的等級，求生存的動機也可能擴展至包括他人的生存。當一個人跨越了負面與正面影響力的界線，來到了「勇氣」這一等級時，他人的幸福將變得越來越重要。到了等級500，他人的幸福一躍成為最重要的動機與驅力。在高等的500至600之間，特徵是對自身與他人的靈性覺知感興趣，到了600至700間，人類的福祉與對開悟的追尋則是最主要的目標。從700到1000，生命將完全奉獻於救助全人類。

意識地圖					
神性觀點	生命觀點	等級	對數	情感	過程
大我	如是	開悟	700-1,000	妙不可言	純粹意識
一切存在	完美	安詳	600	極樂	覺照光明
一體	完整	喜悅	540	寧靜	變容顯光
慈愛的	仁慈的	愛	500	崇敬	天啓
有智慧的	有意義的	理性	400	了解	抽象
仁慈的	和諧的	接納	350	寬恕	超越
啓發性的	有希望的	意願	310	樂觀	意圖
賦能的	滿足的	↑中立	250	信任	釋放
允許的	可行的	↓勇氣	200	肯定	賦能
冷漠	苛求的	驕傲	175	輕蔑	自誇
想報復的	敵對的	憤怒	150	仇恨	侵略
拒絕的	失望的	欲望	125	渴求	奴役
懲罰的	令人恐懼的	恐懼	100	焦慮	退縮
輕蔑的	悲劇的	悲傷	75	懊悔	消沉
譴責的	無望的	冷漠	50	絕望	上癮
懷恨的	邪惡的	內疚	30	指責	破壞
鄙視的	悲慘的	羞恥	20	恥辱	消滅

意識能量地圖的功能

若仔細省思這份地圖，將大幅拓展我們同理各種生命表情的能力。如果我們檢視表面上較不「道德」的情緒態度，就能理解它們既不好也不壞，道德判斷其實只是該出發觀點所展現的一種功能。

例如，我們可以看到，一個處於「悲傷」的人所測定到的是75的低能量等級，而如果他升級至測定值150的「憤怒」，狀況其實好多了。憤怒這種破壞性情緒依然屬於意識的低層次，但是社會的歷史顯示，「冷漠」能夠禁錮所有的次文化群及所有個人。如果絕望的人能開始想要一些更好的東西（欲望：125），然後利用等級150的「憤怒」能量來發展「驕傲」（175），那麼他們就有機會逐步前進至等級200的「勇氣」等級，然後繼續改善個人或集體的狀態。

相反的，已經讓無條件的愛成爲習慣性狀態的人，會發現自己無法接受任何低於它的東西。當一個人在個人意識的進化旅途上有所進展，這過程將自我延續、修正，以致自我改進成爲了一種生活方式。在努力克服自憐或不寬容等負面態度的「十二步驟療法」團體裡，我們經常可以看到這種現象。即使在意識能量等級的階梯上已走得很遠的人，也可能發現這些負面態度是可接受的，而且還振振有詞地捍衛它們。

一直以來，所有偉大的靈性修煉都著重提升意識能量等級的技巧，也多半意味著（甚至明白指出）要攀爬這道階梯是一件極爲艱鉅的工作——想成功必須要有一位老師（或至少有教法）提供追求者特定的指導或啓發，否則追求者很可能因缺乏達成目標所需的協助而陷入絕望。希望這份地圖能對這人類終極的努力有所幫助。

此圖表中的覺知在認識論上的影響十分隱微，卻相當深遠。這些發現的意涵，都能實際應用在體育、醫藥、精神醫學、心理學、個人關係及普遍的幸福追求上。舉例而言，深思這份意識地圖能夠改變自己對因果論的了解。當某人的看法隨著他的意識能量等級進化時，人們所謂的**「因的領域」**其實就是**「果的領域」**。對自己的看法負起責任，就能超越受害者的角色，進而了解到「沒有任何外在的事物能控制你」。生命中的事件並不重要，重要的是如何反應、抱持何種態度，而這將決定此事在一個人生命中所造成的影響是正面還是負面，一個人體驗到的是機會還是壓力。

心理壓力是受到抗拒的情況所產生的淨效應，但「情況」本身並無任何力量。沒有任何東西有力量「創造」壓力。讓一個人血壓飆高的吵鬧音樂很可能是另一個人的快樂泉源。如果離婚非你所願，就會造成創傷，但如果離婚是你心之所願，就是帶給你自由的一種解脫。

「意識地圖」也爲歷史的進展提供新的洞見。本研究的最重要目的，就是區分外力與眞實心靈力的不同。例如，我們可以研究如英國殖民末期的印度這段時期。如果我們測定大英帝國在那段時期的身分，也就是利己、剝削的態度，我們會發現它在意識能量等級中遠低於臨界等級200。聖雄甘地的動機（測定值700）非常接近正常人類意識範圍的最頂端。甘地在這場戰爭中獲勝了，因爲他處於一個擁有更大力量的位置。大英帝國代表的是外力（測定值175），而當外力遇見心靈力，外力最終將被打敗。

綜觀歷史，我們可以觀察到，所有的社會都嘗試利用立法、戰爭、市場操作、法律、禁令等（以上都是外力的表現）來「對付」社會問題；儘管有了這些辦法，問題還是一再發生。雖然政府（或個人）從外力的立場出發是缺乏遠見的做法，但對敏感的觀察者來說，除非潛在的根源被挖掘出來加以「療癒」，否則社會衝突是不會消失的，這是越來越顯而易見的事實。

「對付」與**「療癒」**的不同，在於前者的脈絡保持不變，而對後者來說，臨床反應是來自脈絡的改變，脈絡的改變是為了徹底消除該狀況的肇因，而非僅從表面症狀康復。開降血壓藥給高血壓患者是一回事，拓展患者的生命脈絡，讓他能不再生氣、不再壓抑情緒，又完全是另外一回事。

深思這份意識地圖能讓我們生起同理心，幫助我們縮短邁向喜悅的旅程。喜悅的關鍵是對包括自己的所有生命付出無條件的仁慈之心，我們稱之為**「慈悲」**。沒有慈悲，人類的一切努力都將徒勞無功。我們可以將個人的治療歷程套用在更廣大的社會脈絡上，在個人治療中，除非病患喚起對自己與他人的慈悲力量，否則無法真正或從根本被治癒。在那個喚起的當下，被治癒者可能會成為治療者。

第四章

人的意識等級

Levels of Human Consciousness

人類的集體意識能量等級在許多世紀以來都保持在 190，在近十年來才首度躍升至目前的 207。所有低於 200 的等級普遍對個人與社會具有破壞力。決定性等級 200，是粗略區隔外力與心靈力領域的支點。

進行這份研究的數年間，數百萬次的測定幫助我們定義出一套數值範圍，準確對應一系列普遍受到認可的態度與情緒狀態，這些態度與情緒被特定的吸引子能量場所局限，如同電磁場將鐵沙聚在一起那樣。針對這些能量場，我們採用了以下分類法，希望不僅能使之清楚易懂，在臨床上也能夠正確無誤。

要記住測定的數字代表的不是「等差」數列，而是**「對數」**數列，這非常重要。因此。等級300並**不是**150的兩倍，而是10的300次方（10^{300}）。即使只是增加區區幾分，卻代表力量是大幅度增強，往越高的等級走，增強的比率就越驚人。

人類意識各等級的表現方式不但耐人尋味，而且影響力極大，它們的效應是既顯著又微妙的。所有低於200的等級普遍對個人與社會具有破壞力。決定性等級200，是粗略區隔外力與心靈力領域的支點。

當我們描述一個人的情緒對應何種意識能量場時，記住，他們在個人身上極少以單一狀態呈現，意識能量等級總是混合的。一個人可能在生命的某方面透過某個等級來運作，另一方面又呈現出另外一個等級。一個人的總體意識能量等級即是這些不同等級所產生的效應總合。

能量等級20：羞恥

「羞恥」等級處於近似死亡的驚險地帶，人們可能出於羞恥而選擇有意識的自殺，或因失敗而以隱晦的方式選擇羞恥，來作爲延續生命的手段。在此，人們經常因可避免的意外而死亡。我們多少都能覺知到「丟臉」、不名譽，或者感覺自己「沒有地位」的痛苦。在羞恥的狀態裡，我們垂頭喪氣、想要偷偷溜走，恨不得自己是個隱形人。傳統上，放逐總是伴隨羞恥而來，在我們祖先的原始社會裡，放逐等於死亡。

生命早期導致羞恥感的經驗（例如性虐待），除非透過治療解決，否則將造成一輩子的人格扭曲。如同佛洛依德的定義，羞恥會造成精神官能症。這對情感與心理健康都極具殺傷力，也會因自尊心低落而使人較易出現身體上的病痛。羞恥導向的人格是羞怯、退縮、內向的。

羞恥也被用來當作殘酷的工具，而它的受害者自己也經常會變得很殘酷。羞恥的孩子對動物和其他人都很野蠻。意識能量等級只有20多的人，行爲十分危險：他們很容易出現一味指控他人的妄想與偏執傾向。有些人會精神錯亂或犯下奇怪的犯罪行爲。

某些羞恥導向的人會以完美主義和嚴格的要求來補償自己，因而變得緊迫盯人且毫無包容心。自組保安隊的道德極端主義份子就是惡名昭彰的例子之一，他們會將自己無意識的羞恥感投射到他人身上，覺得自己有正當理由以正義之名攻擊他人。連續殺人犯通常因性方面的道德主義而犯下惡行，認爲自己有正當理由懲罰「壞女人」。

羞恥將人格的整體等級往下拉，導致一個人難以抵擋其他種種負面情緒的傷害，因此也經常引發妄自尊大、憤怒及罪惡感等心態。

能量等級30：內疚

「內疚」經常被我們的社會用來操弄與懲罰他人，具有多種表現方式，例如良心不安、自責、受虐狂，以及受害情結的所有症狀。無意識的內疚感會導致身心失調的疾病、易發生意外，並且容易做出自殺行為。許多人一輩子都在與內疚感搏鬥，但也有些人以不道德的方式全盤否認，藉此極力擺脫這種感受。

內疚導向的心態造成了充滿「罪惡」的念頭，這種不輕易原諒的情緒態度經常被宗教煽動者利用，藉此威迫、控制群衆。這類「罪惡與救贖」的買賣者因著迷於懲罰，很容易表現出自己的罪疚，或投射至他人身上。

表現出「自笞」這種偏差行為的次文化裡，經常會出現其他地域性的殘酷作為，例如進行殺害動物的公開儀式。內疚挑起了暴怒，而殺戮經常成為暴怒的表現形式。死刑便是以殺戮滿足充滿罪疚感的群衆的一個例子。不輕易原諒的美國社會就是很好的例子，它在輿論中鄙視自己的受害者，並對他們施以從未被證明具有遏止、矯正價值的懲罰。

能量等級50：冷漠

這個等級的特徵是貧窮、絕望與沒有希望。世界和未來看似陰鬱淒涼，悲情是生命的主題。冷漠是一種無助狀態，它的受害者活在匱乏裡，不但缺乏資源，也缺乏能量來使用周遭的可用資源。除非有照護者從外在供應能量，否則他們可能會做出消極的自殺行爲。由於沒有活下去的意願，他們的眼神因無望而空洞，對刺激也毫無反應，直到眼睛停止追蹤注視，連吞下善捐食物的力氣都沒有。

這是遊民、被社會遺棄者的意識能量等級，也是許多年老者、長年纏綿病榻而被孤立者的命運。冷漠者是依賴他人的，處於冷漠中的人十分「沉重」，會讓身邊的人覺得他們是一種負擔。

社會總是缺乏良好的動機來幫助屬於這個等級的文化（或個人），因爲他們被視爲資源的消耗者。這是屬於加爾各答街頭的等級，那裡只有如德蕾莎修女等聖者及其追隨者才敢踏入。冷漠是放棄希望的等級，沒有人有勇氣直視它的面孔。

能量等級75：悲傷

這是難過、失去、依賴的等級。大多數人在某段時間裡都經歷過這樣的狀態，但那些停留在這個等級的人，卻是活在無盡的懊悔與沮喪中。這是對過去的哀悼、喪痛、懊悔的等級，也是那些將失敗視爲生活一部分的習慣性失敗者與賭鬼的等級，這經常導致他們失去工作、朋友、家人、好機會，以及金錢和健康。

人生早期的重大失去會讓一個人長大後很容易被動接受悲傷，好似哀傷原本就是生命的代價。

在悲傷的意識裡，一個人到處都看見悲傷——在孩童身上，也在生命本身。這個等級將人看待存在的眼光都染上一層色彩。悲傷的部分症狀就是賦予失去之物或象徵之物一種無可取代性。特定之物被普遍化，因此失去愛人就等於失去愛。在這個等級裡，這類的情感損失可能會引發嚴重的憂鬱或死亡。

雖然悲傷是生命的墳墓，它的能量仍然比冷漠大。因此，當一個受到創傷的冷漠病患開始哭泣時，我們就知道他們已經好轉了。一旦他們開始哭泣，就能恢復進食。

能量等級100：恐懼

在等級100，人擁有更多生命能量——對危險感到恐懼是一件健康的事。恐懼遍布全世界，也引發了無數的活動。對敵人、年老或死亡的恐懼，怕被拒絕，以及對社會上各方面的恐懼，其實是多數人生活的基本動機。

從這個等級的觀點來看，世界似乎十分危險，充滿了陷阱與威脅。恐懼是高壓集權政府最喜歡使用的正式控制工具，而缺乏安全感更是市場操弄者的慣用手段。媒體與廣告十分擅長玩弄「恐懼」以拓展他們的市場。

恐懼的產物就像人類的想像力一般天馬行空、包羅萬象。一旦恐懼成爲一個人的焦點所在，世上的一切煩憂就開始餵養它。恐懼變成強迫性的，而且可能以各種形式表現出來——擔憂失去一段感情而變得嫉妒、長期處於巨大壓力之下。恐懼的思考方式也可能膨脹，形成偏執或神經質的防衛姿態，它具有傳染力，因此會變成社會的主流趨勢。

恐懼會限制人格成長並導致壓抑。由於要跨越到恐懼之上需要能量，被壓迫者若沒有獲得幫助，將很難提升到更高的等級。因此，懼怕的人會尋找那些看似已克服恐懼的領袖來帶領他們走出恐懼的奴役。

能量等級125：欲望

這個等級的能量要再更高一些。「欲望」驅動著極爲廣泛的人類活動領域，包括經濟。廣告商玩弄著我們的欲望，在我們身上輸入一套程式，設定來自人類本能驅策力的需要。欲望驅動著我們更加努力達成目標或獲取報酬。對金錢、名望或權力的欲望，主導著許多已從恐懼導向的生活中上升的人。

欲望等級亦是上癮的等級，在這種情況下，欲望變成了比生命本身還重要的渴求。欲望的受害者可能實際上絲毫未曾覺察到自己的根本動機。有些人對獲得他人注意上了癮，也因爲自己的不斷索求而使他人敬而遠之。渴望獲得性吸引力上的肯定，更創造出一整個化妝品與時尚產業。

欲望與累積、貪婪有關，然而欲望是永不滿足的，因爲它是一個持續運作的能量場。滿足了一個渴望之後，很快就會出現另一個尚未滿足的渴求。例如，億萬富翁傾向於熱中賺取更多錢。

欲望顯然是比冷漠或悲傷要高出許多的等級，爲了「獲得」，你必須先要有足夠的能量去「想要」。電視會對許多壓抑的人造成很大的影響，因爲它反覆灌輸「想要」的概念並增強他們的渴望，直到他們能脫離冷漠等級並開始追求更好的人生。欲望，因而成爲一個跨越至更高意識能量等級的跳板。

能量等級150：憤怒

雖然憤怒造成了殺人與戰爭，但在能量等級的層面上，它比底下的等級離死亡更遠。憤怒能引發**建設性**行爲，也能引發**破壞性**行爲。當人們脫離了冷漠與悲傷的等級，也克服恐懼的生活方式之後，他們開始「想要」，而欲望導致挫折感，挫折感導致憤怒。因此，憤怒變成一個支點，讓受壓迫者最終能藉著它一躍而起，獲得自由。對社會上沒有正義、迫害、不公平等現象心生憤怒，引發了許多促成社會變革的偉大運動。

然而，憤怒最常見的表現方式是怨恨與報復，因此它是一觸即發、十分危險的。過著憤怒導向生活的人易怒、易衝動，對芝麻小事過分敏感，儼然是「不公義事件的搜集者」，而且是好辯、好鬥，或者好訴訟的人。

由於憤怒起源於受挫的渴望，因此是以低於它的能量場爲基礎，挫折則來自於誇大欲望的重要性。憤怒的人可能會發狂似地暴怒，就像一個受挫的嬰兒一樣。憤怒很容易導致仇恨，仇恨會腐蝕一個人生命中的所有面向。

能量等級175：驕傲

「驕傲」的測定等級是175，它的能量足以讓美國海軍戰隊順利運轉，是我們一般人所嚮往的等級。跟其他較低等的能量場不同，人們達到這個等級時感覺十分正面。這種自尊的提升爲較低等級意識所經驗到的痛苦帶來了一股慰藉的力量。驕傲看起來很棒，它自己也知道。驕傲在人生這場遊行裡盡情炫耀。

驕傲已經離羞恥、內疚或恐懼十分遙遠，因此要從身處絕望的貧民窟躍升至一名有自尊的海軍陸戰隊員，已經是一個巨大的跳躍。驕傲一般來說還算擁有良好聲譽，也受到社會的鼓勵，但我們可以從意識地圖上看到，維持在低於200的等級都是負面的。這也就是爲什麼驕傲**只有在**和低於它的等級比較起來時才感覺良好。

如同我們都知道的，驕傲的問題在於「驕兵必敗」。驕傲是防衛性的、易受傷的，因爲它依賴的是外在狀況，若外在狀況出了問題，它很可能突然就跌落至較低等級。自我膨脹的小我很容易受到攻擊而失敗。驕傲仍是脆弱的，因爲它的寶座可能隨時被打垮，跌落至「羞恥」的等級，而這個心頭隱憂引發了害怕失去、使人更加驕傲的心態。

驕傲是分裂的，容易引發黨派之爭，造成代價慘重的後果。人類習慣上會爲「驕傲」而死——

軍隊仍經常爲了所謂的**「國家主義」**而彼此屠殺。宗教戰爭、政治的恐怖主義與狂熱，中東與中歐的恐怖歷史——這些都是「驕傲」的代價，而買單的是社會上所有人。

驕傲的消極面是自大與否認，這些特質將阻礙一個人成長。在驕傲等級，不可能從上癮症復元，因爲個人的情緒問題或人格缺陷都被一概否認。否認的問題根源就是驕傲。因此，驕傲是個巨大的障礙，阻止我們獲得眞正的力量，阻止我們以眞實的高超境界和名望取代驕傲。

能量等級200：勇氣

在等級200，心靈力首度出現。當我們針對所有低於200的場域對受測者進行測試時，發現所有的等級都呈現弱反應，這很快就能獲得驗證。每個人在200以上、有益生命的場域時都出現了強反應。這正是區別對生命產生正面或負面影響的臨界線。在勇氣等級，一個人才開始獲得眞實的力量，因此，這也是一個「賦能」的等級。這是個探索、實現、剛毅與決心的地帶。在較低的層級，世界被視爲無望、悲哀、可怕或充滿挫折的，但是在勇氣這個等級，生命被視爲令人雀躍、充滿挑戰、令人興奮的。

勇氣代表了嘗試新事物、處理生命中的改變與挑戰的意願。在這個賦能的等級，一個人能夠面對並有效處理生命中的機會。例如在等級200，一個人擁有學習新工作技能所需的能量，成長與教育也成爲可達成的目標。人有能力面對恐懼或人格缺陷並藉此獲得成長。在此，焦慮不會像它在較低等級那樣構成阻礙。打敗意識能量等級低於200之人的障礙，對這些已進化至眞實力量第一階的人來說，反而是一種激勵。

處於此等級的人，從世界汲取多少能量，就回饋給世界多少能量。在較低的等級，群體與個人消耗了社會的能量，卻沒有任何回饋。由於成就的實現帶來正面回饋，使自我獎勵與自尊也自然日益增強。這正是生產力開始之處。

■人類的集體意識能量等級在許多世紀以來都保持在190，近十年來才首度躍升至目前的207。①

能量等級250：中立

當我們來到這稱爲「中立」的等級時，能量變得非常正面，因爲它從較低層次的典型「立場性」中解脫了出來。在低於250的等級，意識傾向於採取二分法，死板地堅守立場，在這個由多種要素構成、並不是非黑即白的複雜世界裡，這其實是個障礙。

堅持立場製造出兩極化，這又再度導致了對抗與分裂。在武術中，僵化地固守一個位置將形成弱點，不懂得彎曲就容易斷裂。中立的狀態是從浪費能量的圍籬或對立中提升，允許彈性的空間並

①根據本書初版的年份，躍升的時間應是一九八五至一九九五年間。

對問題做出不落入主觀評斷、實事求是的評估。中立意味著對結果相對不執著，事情若非己所願，也不再是一種失敗、可怕或令人挫折的經驗。

在中立的等級，一個人可以說：「嗯，如果我不能得到這份工作，可以再找另一份工作。」這是內在自信的開始，察覺到自身的力量，一個人便不會輕易受威嚇，或覺得必須努力證明什麼。如果一個人能以等級250的態度從容面對生命的高低起伏，兵來將擋、水來土掩，生命的展望基本上是不錯的。

處於中立等級的人擁有一種幸福感，這個等級的標記就是一種有自信能好好活在這世上的能力。這是屬於安全的等級。處於這個等級的人很好相處，和他們在一起或共事也很安全，因爲他們對衝突、競爭或內疚感沒興趣。他們怡然自得，基本上情緒不易受影響。這種態度是不帶主觀批判的，因此他們不會有控制他人行爲的需要。同理，因爲中立者重視自由，所以他們也很難被他人控制。

能量等級310：意願

這個十分正面的能量等級可說是通往更高意識等級的門戶。舉例而言，在中立等級，一個人很稱職地把工作做好，但是在意願的等級，是將工作做得**「很優異」**，而且通常能在各方面獲得成功。在此等級，人們成長得很快，這些人是被選擇來獲得提升的。意願代表著一個人的內在已經克服了對生命的抗拒，決心好好投入。在等級200以下，人們經常心胸狹小，但是到了等級310，他們將大幅度地開放。在這個等級，人們變得真心友善，而社會、經濟上的成功似乎也自然而然跟著降臨。意願等級的人不會被失業所困擾，必要時他們願意做任何工作，自己規畫職業生涯或開創自己的事業，從事服務工作或從最基層做起並不會讓他們覺得被貶低。他們能幫助他人，對社會做出良好的貢獻。他們也願意面對內心的問題，在學習上沒有重大障礙。

在這個等級自尊很高，也因社會以認可、感謝、報酬等方式給予正面回饋，而使自尊更加被強化。意願等級對他人的需要極富同情心，並且會有所回應。意願等級的人是社會的建設者、貢獻者。他們有能力從逆境起死回生並從經驗中學習，因此很擅長自我修正。因爲已放下驕傲，他們也十分願意正視自己的缺陷、向他人學習。在意願等級，人們成爲優秀的學生，意願接受鍛鍊，也代表了社會上一個可觀的心靈力來源。

能量等級350：接納

此等級的覺知會出現一個重大的轉化，了解到自己正是人生經驗的源頭，「也是」創造者。這個進化程度上的特色，即是承擔起這樣的責任，也擁有與生命中的外力和諧共存的能力。

等級200以下的人都傾向於缺乏力量，並將自己視爲受害者，任憑生命宰割。這根源於相信快樂的來源或問題的肇因是來自「外在」的信念。在這個等級，一個巨大的跨越完成了——亦即拿回自己的力量，領悟到快樂的來源就存在自身之內。在這個較爲進化的階段，沒什麼「外在」事物能夠讓一個人快樂，愛也不是可以由另一個人給予或拿走的東西，而是由內在創造的。

這個等級不應與被動混淆，被動是冷漠的症狀。接納則允許自己按照生命自己的方式參與生命，不會企圖讓它配合自己的計畫。在接納等級，情緒是平靜的，觀點亦是開闊的，因爲「否認」已被超越了。一個人現在能夠以沒有扭曲、沒有錯誤詮釋的眼光看待事情。人生經驗的背景擴大了，因此一個人能夠「看見完整的風景」。接納特別與和諧、平衡、合適有重要的關係。

一個接納等級的人對決定是或非不感興趣，反而是致力於解決問題並找出處理問題的具體作法。艱苦的工作不會讓人不舒服或感到氣餒。長遠的目標優先於短期目標，自律與自主在此等級也十分顯著。

在接納的等級，我們不會因衝突對立而走向極端，我們能夠看見他人也和我們一樣，有相同的權力，而我們尊崇平等。較低的等級傾向於較嚴格死板，但在此等級，社會的多樣性開始出現，成爲一種解決問題的形式。因此，這個等級沒有歧視或不寬容的想像，人們覺知到，平等並不會拒絕多元化。接納意味著包含在內，而非拒絕。

能量等級400：理性

當較低能量等級中訴諸情緒的特色被超越之後，才智與理性便躍至檯面。理性能夠處理大量複雜的資訊，並做出迅速、正確的決定。理性能夠了解人際關係間的錯綜複雜、階段變化，以及微妙的分際。在此，運用象徵符號表達抽象概念的卓越能力也變得越來越重要。這是個屬於科學、醫學，以及概念化和全面理解的能力普遍增強的等級。知識與教育在此成為首要追求的資產。了解與資訊是獲得成就的最主要工具，也是等級400的標記。這是諾貝爾獎得主、卓越政治家、高等法院法官的等級，愛因斯坦、佛洛依德及歷史上許多知名思想家皆落在此等級。

此等級的弱點就是無法清楚分辨「象徵符號」與其代表之物的區別，也因混淆客觀與主觀的世界而限制了對因果關係的理解。在這個等級很容易「見樹不見林」，因充塞過多的概念與理論而錯失了要旨。智識化過程本身可能變成了最終的目的。理性是受限的，因為它無法提供洞察一個複雜問題的本質或關鍵點的能力。

理性本身無法指引人們通往眞理。它產出大量的資料與文獻，卻缺乏解決資料與結論中矛盾之處的能力。所有的哲學論點個別聽起來都頗具說服力。在邏輯方法主導的科技世界，理性能創造高效率；諷刺的是，理性本身也是阻撓意識邁向更高等級的最大障礙。在我們的社會裡，超越這個等級是相對罕見的。

能量等級500：愛

大衆傳播媒體所描述的「愛」，不是我們在此等級要談論的愛。人們一般所說的**「愛」**是一種激烈的情感狀態，綜合了肉體的吸引、占有、控制、上癮、色欲及新奇的成分。它通常十分脆弱而且劇烈變動，隨著各種情況消長變化。受挫時，這種情感表面下所掩藏的憤怒與依賴經常會被掀出。由愛生恨是很普遍的認知，不過以上所說的較有可能是一種情感的上癮症，而不是「愛」。在那樣的關係裡，眞正的「愛」可能從來不曾存在，因爲「仇恨」是來自驕傲，而不是愛。

等級500所標記的是一種無條件、不會改變、永久的愛的發展。它不會起伏波動——因爲它的來源不依賴外在因素。愛是一種存在狀態，它對世界的態度是寬恕、滋養與支持的。愛不是智識性的，不是出於頭腦的，愛從心向外散發出來。它擁有提升他人、成就不凡偉業的能力，因爲它的動機純淨無瑕。

在這個階段的發展，擁有洞察本質的能力是其主要特徵。問題的核心成了關心焦點。由於繞過了理性，生起了瞬間對問題擁有全盤認識，以及大幅擴展脈絡的能力，特別是在時間與過程方面。理性處理的是細節，愛處理的是全部。這通常歸功於直覺的能力，毋須透過序列式的象徵符號處理就能瞬間了解。這個看似抽象的現象事實上相當具體，它總是伴隨腦中可觀的腦內啡分泌。

愛沒有特定立場，因此是普遍性的、超越分別的。因此，「彼此合一」是可能的，因爲障礙已不再存在了。愛也因而能廣納一切，並逐漸將自我感延伸出去。愛關注的焦點是生命的良善，著重的是它的一切正面表現與拓展——它藉由「重新賦予新的脈絡」來消融負面性，而非攻擊。

這個等級擁有眞正的幸福快樂，不過雖然世人對愛這個主題十分著迷，而且所有可行宗教的測定值也都在500或500以上，有趣的是，世上只有區區四%的人口曾達到這個意識進化的層次。

能量等級540：喜悅

當愛變得越來越無條件，將開始成爲內在的喜悅經驗。這種喜悅不是因爲發生什麼令人愉快的事情而突然出現的，它總是持續與一切活動同在。喜悅在每一個片刻的存在從內在湧現，不是來自任何外在的東西。540也是屬於療癒和靈性自助團體的等級。

等級540以上是屬於聖者、高階靈性學徒及治療師的領域。這個能量場的特徵是面對長期的逆境所展現的無比耐心與堅持。這個狀態的標記是慈悲。達到這個層級的人，能對他人產生顯著的影響力。他們能以持久、開放的凝視，引發出愛與寧靜的狀態。

在等級500至600，一個人所看見的世界將充滿創造的精巧美麗與圓滿之光。每一件事情都如此輕鬆自然地同步發生，整個世界與其中的萬事萬物也被視爲愛與神性的展現。個人將融入神聖意志之中，「存有」會被感覺到，它的強大力量使超乎一般人期待的現象更容易出現，也就是一般人所謂的**「奇蹟」**。這些現象所代表的力量屬於這個能量場，而不屬於個人。

在此等級，一個人對他人的責任感與其他較低等級的品質不同：他們想要利用自己的意識狀態來利益生命本身，而非利益特定的個人。這個同時愛許多人的能力將讓他們發現：一個人愛得越多，就越有能力去愛。瀕死經驗經常讓人體驗到540到600之間的能量等級，造成典型的轉化效果。

能量等級600：寧靜

這個能量場與所謂的**「超越」「自我了悟」**，以及**「神的意識」**的經驗有關。這種狀態極少，一百萬人之中只有一個。達到這個狀態時，主體與客體的分別消失了，也沒有一個特定的覺察焦點。達到這個等級的人經常會讓自己從世界中脫離，因爲這持續來臨的極樂狀態使人無法從事一般活動。有些人成了靈性導師，有些人默默地利益衆生，也有少數人成了自身拿手領域中的天才，爲社會做出了巨大的貢獻。這些人是神聖的，而且可能最後也會被正式冊封爲聖徒，但是在這個等級，正式的宗教通常已被超越，取而代之的是來自一切宗教根源的純粹靈性。

等級600及其以上的覺察有時據說是像慢動作一樣發生，時間與空間是暫時停止的——沒有任何東西是固定不動的，一切都是那麼鮮活，綻放出光芒。雖然這個世界和別人看見的世界是同一個，但它已變成一個連續的流動，在巧妙協調的進化之舞中持續進化。這個不可思議的啓示是以非理性的方式發生的，因此頭腦無限寧靜，停止了一切概念化的運作。那觀照的與被觀照的，變成了同一個。觀察者消融至背景之中，同樣成爲了被觀察者。萬事萬物都透過「存有」互相連結著，存有的力量是無限的，它細緻柔和，卻又堅如磐石。

測定值在600到700之間的偉大藝術、音樂作品與建築物等，能夠暫時帶領我們達到更高的意識狀態，而且普遍被認爲是帶來靈感與啓發的永恆經典。

能量等級700－1000：開悟

這是歷史上偉大聖者的等級，他們是千年來受到無數人追隨的靈性傳統創始者。這些人全都屬於神聖領域，這也是他們經常被認定的層次。這是屬於強大靈感的等級，這些人設定了影響全人類的吸引子能量場。在此等級，已沒有和他人分離的個人小我經驗，只有一個等同於意識與神性的「大我」。這「無形的」是超越頭腦的「大我」體驗。在此，他們對小我的超越成為教導他人最終如何達到此境界的模範。這是人類意識進化的最頂峰。

偉大的教導提升了廣大的群眾，也提高了所有人類的意識能量等級。擁有這樣的眼界即稱為「恩典」，它所帶來的禮物是無限的寧靜，被形容為無法描述、言語道斷的。在這個等級的了悟中，一個人的存在感超越了一切的時間與個體性。在此，已不再將肉體認定為「我」，因此，肉體的命運如何完全沒有意義。身體被視為單純是因頭腦介入而來的意識工具，主要的價值僅止於一個溝通的工具。「小我」已回歸、消融於「大我」之中。這是屬於非二元對立[2]，或完全「一體」的層次。在此，意識沒有地域性，覺察平等地遍在一切處。

在描繪達成此開悟層次者的偉大藝術作品裡，經常會看到導師的手呈現特定手勢，稱為「手

② 在亞洲哲學與例如佛法的宗教思想脈絡下，非二元稱為「不二」，但各家的「不二」定義亦有差別。

印」——手心放射出祝福，這個動作是將此能量場傳遞到眾生的意識中。這個神聖恩典的等級測定值最高達1000，這是人類有歷史紀載以來，個人所能達成的最高等級，也就是說，他們是冠上「聖主、神、尊聖」一詞的神性化身：聖主克里希納、世尊佛陀、主耶穌。

第五章

意識進展的可能性

Social Distribution of Consciousness Levels

如果一個人能跳脫來自等級 200 以下、自我中心的吸引子場域的牽引，有意識地選擇友善、誠摯、仁慈、寬容的態度來面對生命，那麼，更高的意識能量等級是可以達成的。

在世界人口中，各能量等級的分布圖類似寶塔頂部的形狀，其中八五％的人口測定值低於臨界等級200，而今天人類總體意識能量等級的平均值爲207。因爲接近頂端等級那些相對稀少的人所釋放的強大力量抵消了廣大底端等級人口的虛弱無力，才達到了這個總體平均值。只有八％的人口意識能量等級測定值達到400，前面也提過，世上只有四％的人口意識能量等級測定值達到500或以上，而達到540的人只有○．四％，達到600或以上者，一千萬人之中只有一個。

乍看之下，這些數字似乎不大可能，但如果我們仔細檢視世界的環境，便很快就會發現，全世界次大陸的所有人口都生活在幾乎不存在的等級裡。饑荒與疾病司空見慣，而且時常伴隨著政治壓迫與貧乏的社會資源，許多人生活在絕望狀態，在測定值屬於「冷漠」的等級裡，人們只能屈從於窘迫的貧困生活。我們也必須了解，世界上的許多其他人口（無論是所謂文明或原始），過的是一種恐懼導向的生活。大多數人一生都在追求某種形式的安全感。至於那些生活方式超越了求生存的迫切需要，以某些作爲投入這欲望驅策的世界經濟體、而進一步在滿足欲望上獲得成功的人，最好的情況也只能達到「驕傲」的等級。

任何一種有意義的滿足感，在等級250之前都無法開始。在等級250，某種程度的自信心才會開始生起，成爲意識進化之路上獲得正面生活經驗的基礎。

文化間的相關性

低於200的能量場是**極端原始的環境**中最常見的，在那裡，人們只能勉強維持生存。衣不蔽體、一律文盲、嬰兒死亡率極高、疾病與營養不良肆虐，社會力量呈現眞空狀態。人們的技能只著重在收集燃料與食物、搭蓋遮蔽處，而且完全依賴周遭變幻無常的天候與環境。這是石器時代的文化層次，只比動物的存在要高一點。

等級位於200**出頭**的人口，最典型的是無技能的勞工、最基本的交易，以及打造簡單的手工藝品，例如獨木舟和臨時住處。人們的機動性表現在**遊牧民族的生活方式**，在平均意識能量等級較高一些的人口中，農業開始出現，以物易物進化至貨幣的使用。

200**中段**（200至300**之間**）的等級與**半技能性的勞工**有關。簡單卻能維續生活的房屋與食物經濟出現，而且變得可靠。衣物充足，基礎教育開始施行。

200**後段**（**接近**300）的等級是以技能性勞工、藍領工人、貿易商、零售業及工業爲代表。例如在較低的等級，釣魚是種個人或部落的活動，但在200中段以上的等級，就變成了**工業**。

在等級300，我們會發現技術員、技藝精湛的高級工匠、打理例行工作的管理人員，以及**較複雜的商業架構**。人們通常會完成中學教育，對時尙、體育及大衆娛樂的興趣開始出現。在這個等級，電視是一種很棒的消遣。

在300**中段（300至400之間）**，我們會發現**高階管理者**、**藝匠**及**教育者**，他們透過資訊而認知到公共事務與世界觀，延伸範圍超越了部落、鄰居、城市，乃至整體國家及其安樂。社會對話變成人們感興趣、有意義的事。求生存已透過獲得技能，以及在文明社會足以運作良好的資訊而得到了保障。社會擁有機動性、靈活的空間及資源，能允許有限的旅行與其他令人興奮的娛樂。

等級400**多（400至500之間）**是**智識覺醒**的等級，在此，我們可以發現眞正的讀寫素養、高等教育、專業階級、執行長及科學家。在較低等級者的家中看不到讀物，在此有雜誌、期刊，以及幾櫃子的書。人們對電視的教育頻道感興趣，對政治也具有高度發展的複雜認知。溝通技巧純熟、關注智性的事務、藝術性創造力等都是普遍的現象。娛樂形式來到了下棋、旅行、劇院、音樂演唱會等。提升社會環境的市政事業受到重視。高等法院法官、總統、政治家、發明家、業界領袖等占據了這個範圍的等級。

由於教育是這個等級的基礎，人們傾向於聚集在大都會，以方便獲得資訊與指導，例如上大學。有些人渴望成爲教職員，有些則成爲律師或其他專業人士。同胞的福祉是人們普遍關注的問題，但還不足以成爲驅力。接近500的400後段等級屬於各領域的領袖、社會上的精英、高成就者或與其匹配的社會標誌。愛因斯坦與佛洛依德的測定值都爲499，但由於400至500是屬於大學與博士的等級，因此也是受限與限制性的牛頓宇宙觀，以及身心分離的笛卡兒哲學的來源（牛頓與笛卡兒的測定值也是499）。

正如等級200劃定了意識的臨界線，等級500也是意識出現大躍進的臨界點（*作者注：因爲不只強度產生改變，「品質」也出現變化）。雖然個人的生存依然很重要，但一個人出自「愛」的動機開始渲染所有的活動，創造力獲得完全的表達，同時伴隨著全心投入、奉獻，以及群眾魅力的種種表現。在這裡，**人類各領域的卓越表現十分常見**，從體育到科學研究都有。利他主義成爲賦予動機的因子，也十分講究原則；領導地位不請自來，眾所公認。從這個等級開始，偉大的音樂、藝術、建築等作品開始出現，一個人也開始藉著純粹的存在就能提升他人的能力。

在500後段到接近600的等級，我們會發現，爲社會立下良好典範與啓發的領袖，各自在自己的領域創造了新的典範，對全人類造成深遠的影響。雖然他們清楚知道自己仍有其缺陷與限制，這個等級的人通常被大眾視爲非凡的，而且也可能被視爲傑出的象徵。許多位於等級500至600中間的人開始出現深刻的靈性體驗，並沉浸於靈性追求。有些人更因爲忽然出現重大突破，進入一個全新而主觀的實相脈絡而令身邊的親友相當震驚。這個等級的意識可被形容爲**「靈視」**，而且可能會專注在提升整體社會方面。其中有少數人甚至大舉跨越至測定值600的領域。在這個點上，一個人的生命可能成爲傳奇性的。等級600多的特徵就是**「慈悲」**，它也將遍布在一個人所有的動機與活動中。

意識的進展

雖然我們之前描述的等級橫跨了一段極大的變化，但在一生中能從一個等級跨越到另一個等級的人其實不多見。一個人出生時所測定的能量場，平均只增加大約五分。「一個人的意識能量等級在出生時即已生效」這個事實是個重要的觀念，也蘊含著深刻的意義。而意識本身在人類文明上的表現，歷經了無數世代後仍以十分緩慢的腳步持續進化著。

大多數人會利用生活經驗來拓展並表現與生俱來的能量場，即使很多人在內在的確有長足的進步，但試圖提升、超越的人卻非常罕見。如果我們能看見決定個人等級的因素是**「動機」**，便不難理解爲什麼了。動機從意義出發，而意義又表現在脈絡中。因此，成就被脈絡所限，而當脈絡與動機協調一致時，也就決定了一個人的相對力量。

當然，一生平均只進步五分純粹是統計數字，而其中最大的原因是人們所累積的選擇經常編織成**降低**意識能量等級的一張網。如同我們稍後會詳細列舉的內容所言（見第二十三章），極少數擁有高等意識的人，便足以制衡處於較低等級的全體人類。但是，極少數偏執個人的極端負面性，也能夠橫掃整個文化，拖累全球的整體意識能量等級，這在歷史上屢見不鮮。肌肉動力學測試指出，少數可經由肌肉動力學的異常兩極性辨識出來的二．六%的人口（即對負面吸引子測試爲強，對正面吸引子測試爲弱的人），就必須爲多達七二%的社會問題負責。

儘管如此，仍有可能出現突然的正面跳躍，甚至一次提升數百分之多。如果一個人能跳脫來自等級200以下、自我中心的吸引子場域的牽引，有意識地選擇友善、誠摯、仁慈、寬容的態度來面對生命，最終將仁慈待人作爲生命的第一要務，那麼，更高的意識能量等級是可以達成的。這個修習的過程需要無比的意志力。

因此，雖然一個人一生中不容易從某個能量場移動到另一個，但機會仍在。這份潛能必須藉由你的動機來活化，若不做出有意識的選擇，就不會有任何進展。然而你必須記住，我們所測定的能量等級進展是「對數」性質，因此個人的選擇將造成巨大的影響。能量的級別深具意義，361.0與361.1之間的差距可就意義重大，這距離不僅能轉化一個人的生命，也能轉化一個人對整個世界所產生的影響。

第六章

生活面向的新視界

New Horizons in Research

本研究不僅適用於最高等的理論探討，也適用於日常生活中大部分的實用性問題。例如：找出導致酗酒與吸毒的根源問題所在、如何運用在工業與科學研究上以節省時間與預算成本……

截至目前為止，我們關注的焦點主要是釐清意識的結構，並初步了解關於外力與心靈力的運作機制。不過，這絕對不是一個純理論的議題。這裡所描述的研究方法，其本質是獨一無二的，讓我們得以探索不容易接觸到的潛在知識領域。本研究不僅適用於最高等的理論探討，也適用於日常生活中大部分的實用性問題。讓我們來深入探究幾個一般性的例子。

社會問題——找出酗酒與吸毒的根源

毒品與酒精的上癮症是滋長犯罪、貧窮與社會福利問題的關鍵社會議題。上癮症已證實是一項頑強的社會與臨床問題，但我們至今對它仍停留在非常粗淺的了解。這裡的「上癮」一詞是指臨床上的上癮，是傳統上的意義，意即無視嚴重後果仍持續依賴酒精或毒品，使用者無能力在未受協助的情況下停止使用該上癮物質的情況，因為意志力在此已無作用。但是，到底上癮的核心本質是什麼，上癮者眞正著迷的又是什麼呢？

一般人相信，是上癮物質本身讓上癮者著迷的，因為該物質能創造出一種令人興奮、陶醉的「快感」。但若以本書所述的方法來檢視上癮的本質，就會出現另一種形成模式。酒精或毒品根本沒有創造出「快感」的能力，其測定値只有100（蔬果的等級）。不過，毒癮或酒癮者體驗到的所謂快感，測定値卻可達350至600。毒品實際的效果只是在壓制較低的能量場，藉此讓使用者只經驗到更高等級的能量場。它的作用就像過濾器，篩選掉交響樂團裡的較低音調，讓人們只能聽到較高的音調。對較低音調的壓制並無法創造出較高的音調，只是讓它突顯出來而已。

在意識的等級間，高頻率的能量極為強大，但極少人能經常有此體驗，因此這些非常純粹的狀態總是被較低能量場的焦慮、恐懼、憤怒、怨恨等情緒所蒙蔽。平均而言，一般人極少經驗到沒有恐懼的愛或純粹的喜悅等狀態，更遑論狂喜了。然而，由於這些高等狀態的能量太強大了，人們一旦嘗過便永難忘懷，因此會一再想要重溫。

人們上癮的，其實是較高等狀態的體驗。在經典電影《失去的地平線》中有一個很好的例子。作為一個概念而言，「香格里拉」（電影裡代表無條件的愛與美的象徵）的測定值為600——一旦經驗者有過這樣的體驗，便會被此經驗重新設定，再也無法滿足於平凡的意識能量等級。電影裡的主角從香格里拉回來後，發現了這一點，從此無法在這平凡的世界裡找到幸福快樂。為了尋回當時的意識狀態，他放棄一切，年復一年地掙扎努力，還差點失去生命，只為了再度尋回香格里拉。

同樣的重設過程也發生在依賴其他途徑達到高等意識狀態的人身上，例如有過瀕死經驗的人，或者透過密集禪修體驗到**定境**的人。這些人在他人眼中可能已徹底改變。他們若拋下物質世界的一切而成為眞理的追求者，也不令人意外，許多在一九六〇年代曾利用迷幻藥創造過超凡體驗的人也是如此。這種高等意識狀態也能透過愛與宗教經驗、古典音樂、藝術，或透過靈性修煉而達到。

人們無所不用其極追尋的高等意識狀態，其實是自身意識（大我）的經驗場。如果他們沒有靈性方面的知識，缺乏了解這種經驗所需的背景資料，就會相信這是由某種「外在」的東西創造出來的（例如上師、音樂、毒品、愛人等），但事情的眞相是：在某個特殊情況下，他們體驗到了事實上「就在內在」的東西。大多數人與自己純粹的意識狀態是如此疏離，因此他們經驗到時，反而不認得了，這是因爲他們一向只認同較低的小我狀態或自己最平庸的特質。讓自己的負面形象覆蓋了喜悅光明的眞正本質，因此也就無法認出自己眞正的身分了。這個充滿喜悅、寧靜、令人心滿意足的狀態是一個人眞正的本質，也是每一位靈性導師的最基本教導（例如，所謂「神的王國在你之內」）。

「快感」是任何一個高於一個人慣有的覺知狀態的意識能量等級。因此，對一個活在恐懼裡的人而言，提升至「憤怒」等級（例如第三世界貧民窟的暴動者）就是一種快感經驗。「恐懼」的感覺至少好過絕望，而「驕傲」的感覺更是好過恐懼。「接納」比「勇氣」更舒服，「愛」更讓所有較低的等級相對變得毫無吸引力。「喜悅」超越了所有更低等級的人類情感，但「狂喜」這個類別的情感仍是極端稀有的體驗。昇華至最高點的經驗是一種妙不可言的無限寧靜，非任何言語所能形容。

達到的等級越高，它重新設定一個人一生的力量就越強大。只要有一瞬間達到較高等的意識狀態，就可能完全改變一個人生命的方向、目標與價值觀。可以這麼說：過去那人已不復存在，一個新的人從該經驗中誕生了。透過全心全意在靈性道路上持續求進步，這就是靈性進化的過程。

至於永久的高等意識狀態體驗，只有藉由一生投入內在工作的正當途徑才能獲得，不過也可以透過不正常的人工手段取得——但只是**暫時性**的。然而，自然的平衡機制將迫使那不經努力而以不自然手段獲得的狀態產生「負債」，這負面的不平衡導致了負面的結果。這種偷來的愉悅所要付出的代價就是上癮的深深絕望，最後，上癮者與社會兩者都必須付出代價。

我們的社會將某些缺乏愉悅感的事情理想化（努力工作、禁欲主義、自我犧牲、壓抑克制等），然後譴責某些最單純的愉悅表現形式，甚至經常宣稱其爲非法。在我們這個社會，未兌現的承諾與誘惑被視爲正當合理，滿足卻遭到否定。舉例來說，商業化的性誘惑不斷被用來當作銷售產品的廣告，但享受眞正商業化的性卻被視爲不道德而遭受禁止。

歷史上，所有的統治階級都透過某些形式的極端道德論作爲控制社會的手段，而獲得地位與財富。屬下越努力工作、越是缺乏享樂，統治的階級系統就越富有，無論它是神權政體也好、貴族統治也好，甚或寡頭政治、企業財閥統治都一樣。他們的權力是建築在沒收工作者的愉悅這個基礎上。就人類經驗而言，如同我們所見，愉悅只不過是高能量罷了。千百年來，大衆的能量都被用來爲上流階層製造愉悅財，而下層階級卻被拒絕給予。

事實上，生命能量的各種愉悅是人類最基本的資產，剝奪它的後果就是在「富人階級」與衆多「窮人階級」之間創造巨大的鴻溝。勞工階級羨慕上層階級的地方，正確來說就是他們的「愉悅」：從操弄各種權力所帶來的樂趣，到自我放縱所獲得的美好戰利品。當他們領悟到自己不被給予的快樂竟然正在由別人大肆享用時，便會引爆革命的浪潮。或者，若他們將此領悟理想化，便會起而遏止阻礙同儕獲得愉悅的限制性法令。

因此，在精心算計的扭曲價值觀之下，道德標準變成了剝削大眾生命能量的合理化工具。大眾被給予的幻覺是：生活過得越悲慘，獲得的獎賞就越美妙。這個愉悅與受苦的變態結合，製造了一個道德變態的社會環境，讓痛苦變成了與愉悅有關的東西。在這樣的氛圍下，上癮症中典型的「受苦與陶醉輪番上演」現象，在那爭取禁忌快感的致命反社會遊戲中，至少一時站得住腳。

從同樣的生命觀點來看，目前社會上出現藉由操弄遊戲的另一面，來「對付問題」的方法——也就是否定藥物濫用的本質。這麼做，反倒創造了一個極其誘人且容易進入的市場，導致一整個犯罪產業的興盛，進而敗壞了人們的眾多生活面向。例如逮捕藥頭、毒梟這種事，對整個問題根本無濟於事，甚至在他被關進牢裡之前，他的地位就已經被另一個新崛起的「大哥」取代了。舉例來說，南非大毒梟艾斯科巴死亡時，三個新崛起的大哥馬上跳出來取代他的位置，因此這個毒瘤組織現在不只有一個頭目，而是三王鼎立。

社會的毒品問題需要一個測定值350的方法來解決，而美國目前的反毒方案測定值僅有150，因此毫無成效，砸下的金錢當然也白白浪費掉了。

工業與科學研究——節省大量的時間與金錢

本書所述的診斷方法，很快便在科學與工業的研發領域獲得了豐碩的成果。歷史上許多例子足以說明如何利用這個方法省下多年的工作，還有數百萬的金錢。

材料研究

愛迪生測試了一千六百多種材料之後，才認定「鎢」是最適合用在白熱燈泡上的元素，也因而有了歷史性的發明。偵測何者爲最佳材料的方法是：將所有可能的材料分成兩組，然後問：「這個材料是在這一組裡嗎？」（是／否）決定了哪一組之後，再將該組分成小組，依此類推。利用這種方法，幾分鐘就可以得出答案，而不用耗費數年的時間。

產品開發

納貝斯克集團公司浪費了大約三億五千萬美金來研發一種無煙的香菸，但該研究卻立基於「抽菸主要是一種口腔習慣」的錯誤假設（事實上，之後人們發現，一個人在失明之後通常就不抽菸了。抽菸的原因有很多，口腔的滿足只是其中之一）。用肌肉動力學測試任何潛在產品的市場性，不到一分鐘就能在大眾接受度與市場可行性方面得到清楚的結論。若問題措辭精確，而且所有的可能性（包括時間、市場、廣告、訴諸的族群等）都經過探究，那麼大眾對產品的接受度與產品的獲利性就能獲得確認。

科學探索

科學提供了一個令探索者雀躍不已、令任何室內遊戲黯然失色的肌肉動力學探索領域。（使用研究同樣方法的兩組人，將他們的發現互相比較，也是一件引人入勝的事。）在較普遍的應用方面，能產生豐碩成果的研究方法能夠很快被識別出來，而且人們將發現，研究期間所獲得的最寶貴洞見，經常與研究的規模和範圍有關。由於此方法避開了脈絡上的限制，它最有價值的用法之一就是用來檢查研究過程——我們是否走在正確的方向？進而確認引起探索議題的基本假設是有效的。

舉例而言，目前在宇宙間尋找外星生命的方法是將數學符號 π 以無線廣播發射到太空中。它所暗示的假設是：一個文明必須了解該數學概念，否則無法發展無線電接收技術。然而，即使是假設外星生命是三度空間的，或者是能被人類感官所感知的，都已經是相當自以爲是的態度了，更遑論是假設有一種使用智力、運用符號在宇宙時空中溝通的獨特生命單位。

醫療科學

「肌肉動力學診斷」本身就是一門科學，由國際應用肌肉動力學學院所規範。人體的每一個器官都有相對應的偵測肌肉，肌肉出現弱反應代表了對應器官出現病理狀況。在確認診斷結果與潛在治療方案的成效上，肌肉動力學已受到廣泛的使用。正確藥方的正確劑量也可透過病人的肌肉動力學反應來決定，同樣的，也可以用來偵測過敏，以及需要哪些營養補充品。

神學、認識論及哲學研究——分辨究竟眞理

雖然本方法應用的有效性會隨觀察者的覺知能力而有所不同，但是利用肌肉動力學技巧來確立眞實性的測定值是600。這表示在此所述的方法具有某種程度的可靠度，它超越了二元對立，也超越了我們日常生活中熟悉的一般意識領域。本書整體上的眞理等級大約是810。爲了從頭到尾保持這個等級，每一章、每一頁、每一個段落、每一個句子都用我們描述的方法檢驗過，所有的陳述與結論也同樣經過驗證。

如果針對我們提出的問題和答案來測定眞理等級，圍繞著眞理本質的困惑就能減少許多。若混淆了不同的意識能量等級，就會出現矛盾與模稜兩可的情況，因爲答案只有在它自己的意識能量等級中才是眞實的。因此，我們可能會發現一個答案是「正確的」，同時又是「無效」的，就像一個被正確演奏的音符，在樂譜上卻放錯位置一樣。所有的觀察結果都是特定意識能量等級的反映，而且只有在該等級中才有效。因此，探討一個主題的每一種方法，都有其先天限制。

一個陳述可能在某個高意識能量等級中是眞的，但對平凡的頭腦而言卻難以理解。因此當這個陳述被聽者本身的限制所扭曲時，它的價值就走樣了。這也是世上所有宗教的命運——源自高意識能量等級的宣言在後來總是遭到當權追隨者的錯誤詮釋。

我們可以在任何宗教的基本教義派中看到這種扭曲的現象。基本教義派對宗教教導的詮釋著重在其負面性，而且只有眞理才能將教導從這負面性中解脫。對神祇的最低層次描繪就是一個會嫉妒、報復、暴怒的神，一個與慈愛之神相差甚遠的死亡之神。擁有正當負面性的神，代表了對負面性的榮耀，由於它將人類的殘酷與傷害合理化，因而爲追隨者提供了拒絕負責的好理由。一般而言，當一個人越接近意識能量等級的底端，痛苦與苦惱亦隨之增加。

每一個意識能量等級的眞理都能夠自我驗證，每一個等級都有它本具的感知範圍，該範圍鞏固了那些已經被信以爲眞的東西。因此，每一個人都覺得，在他的行爲與信念之下的觀點都是正當合理的。這就是那些所謂「正當性」固有的危險性：從合理化暴怒行爲的殺人犯、煽動群衆的神職人員，到堅持信念的政治極端分子——「任何人」都可以打著正當的旗幟。只要扭曲脈絡，就能合理化、正當化幾乎人類的所有行爲。所有發動戰爭的人，都宣稱他們的戰爭是「正當的」。

所幸進化是意識的本然天性

人類的對話就其廣博與精微度而言是相當精采的，它反映出組成人類意識的強大吸引子能量場之間千變萬化的互動。二十五個世紀以來，世上偉大哲學家的聰明才智，在規模與複雜度上都相當驚人，但是總括來說，他們在眞理的本質這方面卻鮮有共識。因爲缺乏客觀的指標，歷史上每一個人都必須篩選生命中變化無常的映現，以辨別出自己的眞理，而這掙扎似乎永無止境，人類受到自身天生的心理設計所詛咒。

這種設計意味著任何的陳述只有在一個特定脈絡之內才是眞實的，儘管該脈絡的定義與來歷都是無形的，而且是未被說出的，這就好像每一個人都用一個具有獨一無二設定的羅盤在探索生命。任何有意義的對話都是有可能的，此一事實顯示，人類對自己的狀況懷抱著極大的慈悲心，也證明了是賦予整體凝聚力的，是一個廣納一切、支配一切的吸引子能量場，它協助將那可能性顯現出來，成爲事實。

和諧是從混沌表面背後的組織模式中浮現的，人類的進化歷程亦然，儘管每一個人不時都有脫離正軌的明顯徵兆。混沌只是一種受限的觀點。每一樣事物都是更大整體的一部分，每一個人都參予了意識那涵攝一切的吸引子場域。進化，是意識所有場域的固有天性，確保了人類甚或一切生命的救贖。人類的高貴之處在於，他在一個猶如鏡屋的世界裡（那是他生命過程中唯一的支持與信念），不斷與自己那非自願存在搏鬥。

第七章

日常的臨界點分析

Everyday Critical Point Analysis

由於這套方法直接指出了真理的等級，因此我們可在眞與假、建設性與破壞性、實用有效與無用浪費之間，做出明快的區別。我們可以鑒定各種計畫或個人動機、工作流程或目標。不再需要那張披在狼身上的羊皮了。

如前面所述的各種潛在應用法，說明了此法的使用方式是千變萬化的。當吸引子能量場與人類意識的互動在一個人的身心互動中顯現，任何人與事物的基本能量等級便可隨時隨地由任何一個人測量得出。只要現場有兩個人，其中一人熟悉本研究所述的肌肉測試技巧即可，它的實用程度極爲驚人。要讓社會保持不斷進化，這個工具相當重要，可媲美過去任何一個物理科學上的重要發現。現在，讓我們進一步了解更多實用細節，看看如何在日常生活中好好運用它。

由於對吸引子模式測定得出的力量強度直接指出了它的眞理等級，因此我們可在眞與假、建設性與破壞性、實用有效與無用浪費之間，做出明快的區別。我們可以鑒定各種計畫或個人動機、工作流程或目標。不再需要那張披在狼身上的羊皮了。

我們已經看到，意識對眞假之間的區別會做出果斷的反應。你可以說出自己的眞實年齡（假設你四十三歲）：「我現在四十三歲。」然後請人在你平舉的手臂上施壓，藉此立刻證實這一點——你的手臂會保持強壯。現在改說：「我現在四十五歲。」結果你會立刻變弱。就像電腦一樣，意識只會回答○或一、對或錯（過程中模稜兩可的因素是提問方法所致，不是回答機制的問題。請見第二章、附錄二及以下內容）。

我們可以定義任何敘述、任何信念系統或知識體系的眞理等級，也可以正確測量任何句子、段落、章節或整本書，包括本書的正確度。我們可以可靠地鑒定自己在任何事業體中的意識能量等級或動機。在社會運動與歷史方面，我們現在擁有一個全新的觀點。在政治方面，這份研究不限於現在——我們可以回顧歷史來做測定。

在這些練習中，肌肉動力學揭露出隱藏的秩序，讓它的眞實本質顯露出來。使用這個系統具有自我教育、自我引導的功能。我們會發現，每個答案都將自動導向下一個問題，而且是愉快地朝著向上提升與有益的方向前進。我們會發現關於自己的眞相，因爲我們提出的問題只是我們自身的動機、目標及意識能量等級的反映。針對**「問題」**而非答案來做測定，總是能讓我們獲得豐富的訊息。

在討論測試過程的同時，必須再次特別強調提問形式的幾個注意事項。**運作的精確性具有至高無上的重要性**。舉例而言，我們可能會提出這樣的問題：「這個決定好嗎？」但何謂「好」？對誰好？又是在哪一段時間裡好？定義問題必須非常小心：我們所認爲的「好」與「壞」只是主觀看法罷了，宇宙所「想」的可能完全是另一回事。

提問的動機非常重要。永遠先問：「我可以問這個問題？」除非你準備好接受答案，否則就不要提問，因爲事實可能和你當下所相信的大異其趣。雖然不智地使用本方法很可能造成情緒低落，但經驗顯示，若能繼續探詢下去，就能夠縱觀大局，進而平撫這股亂流。例如一位年輕女子問道：「我的男朋友很誠實？」或者「他對我的生活有益？」，卻得到負面答案。當她發現對方很自私，爲了自己的利益而剝削她時非常失望，但是接下來的問題爲她提供了一個解決之道：「知道這一點之後，我避免了許多悲慘的遭遇？」（是）「我可以從這個經驗中學習？」（是）。

在較世俗的層面上，也可以利用本技巧來檢查一項投資誠實與否，或某個機構是否值得信賴。

我們可以正確預測新研發的潛能，不僅可用在行銷市場上，也可用在醫學研究或工程方面。我們可以檢查大型油箱的安全防護措施是否妥善；可以事先判斷軍事策略的可行性；可以確認誰適合執政，並分辨政治家與政客的不同。在媒體方面，我們可以立刻知道受訪者或採訪者是否說出眞相，如果是，又表達了哪一個等級的眞相？（如果你在各大電視網的新聞時段進行測試，可能會震驚不已。在許多場合中，**所有的**公衆人物都顯示爲說謊。）

想要知道某二手車是否值得購買？很簡單。某業務員是否說實話？簡單。你那位新的交往對象是個好賭注嗎？這個產品可靠嗎？那個員工值得信任嗎？某項新設備的安全性有多高？某位特定醫生或律師的正直度、技術、能力達到什麼程度？目前最適合的治療師、老師、教練、修理人員、技工或牙醫是誰？要合宜地解除某項公職，需要何種等級的意識狀態？現任者的意識能量等級又如何？

這個立即分辨眞假虛實的能力，對社會具有巨大的潛在價值，因此我們覺得在研究中記錄並驗證幾種明確的應用方式是十分適當的。

揭露時事與歷史事件的眞相

由於這個技巧能立刻分辨眞假，因此可用來解決對某件事實的爭論，例如犯罪者的身分或失蹤者的行蹤。重要新聞事件底下的眞相可以被揭露，當代的受害者或遭受指控者是有罪或清白的，或歷史上的陰謀理論與無解的謎團是否正確，例如艾蜜莉亞·厄爾哈特的神祕失蹤[1]及林白綁架案[2]的眞相等。參議員在聽證會前所做的證詞與媒體對事件的報導，都能在幾秒鐘之內獲得證實。

破除健康的迷思

人類之所以無法根除或治癒某些疾病，常常是因爲受限於理性本身。錯誤的答案經常阻礙我們去找出眞正的原因。例如，當前的教條是菸草會致癌，但我們的研究顯示，有機種植的菸草在肌肉動力學裡是測試爲強的，不過，一般商業販售的菸草則測試爲弱。在一九五七年之前，菸草還未被歸類爲致癌物，但現在因爲製造過程中添加了化學物質而被歸類爲致癌物。抽菸者的肺癌問題也有其他的解決方法，刊登於一九九五年《科學》雜誌的研究報告指出，一天一克的維他命C能預防抽菸造成的細胞損害；另一個解決方案是在香菸製造過程中鑒定出致癌的化學物質並將之剔除。

避免刑事司法與政策的黑箱運作

偵辦任何案子時，知道證人是否說謊是一件很重要的事，不過，同樣重要的是必須發現控方是

---

① Amelia Earhart，歷史上第一位飛越大西洋的女飛行員，於一九三七年展開環球飛行壯舉時神祕失蹤。

② 一九三二年，俗稱「小鷹」的美國飛行英雄林白之子，在二十個月大時遭綁架撕票，轟動一時，成為史上最受矚目的綁架案之一。凶手後來伏法並被判處死刑，但全案疑點甚多，至今許多人仍認為他只是個替死鬼。

否隱匿證據，或陪審團成員是否經篡改（或者，是否有足夠能力理解該證據）。本技巧最有趣的用法之一，就是應用在沒有目擊者的犯罪事件上，在這類案件裡只有原告與被告互相牴觸的說辭，例如對知名人士的性犯罪指控就是明顯的例子。公衆人物很容易遭到出於政治目的的人格毀謗，而在社會上，媒體對待被告的態度就如同已被證實爲有罪似的（即使他們僅只是受到指控），因此他們也和指控者一樣，在公開場合必須受到保護。

統計與方法：節省時間

我們投入了龐大的金錢與時間來收集資料，以記錄那幾分鐘就能辨別的東西。舉例而言，要向懷疑論者「證明」肌肉動力學方法的有效性，必須遵循以下步驟：（一）以正面與負面刺激物測試十五個不同小組，共三百六十位受測者（統計分析顯示 $p \leqq .001$）[3]；（二）七個大組，共三千兩百九十三位志願者亦同樣接受測試（$p \leqq .001$）；（三）三百二十五個受測者個別接受測試（$p \leqq .001$）；（四）六百六十一位精神病患以群組和個別的方式接受測試（$p \leqq .01$）。以上所得的結論是：無效假說遭到否決。傳統的方法學與此無關。

辨別政治人物的可靠性

我們的領導人是否說眞話？某位候選人是否有能力擔當競選職位的重責大任？政府機構或發言

人是否針對某些事實誤導了大衆？提出的政策是否眞能解決問題？諸如此類的實際議題，現在都可以更加明確地處理。政治辯論與公開演講也可以分析出眞實性，提出的法案也能以更清晰的觀點來評估。我們還可以辨別値得進行的計畫，並放棄無效的計畫。

診斷商業的誠信與品質

我們可以針對狀況不佳的企業或產業進行診斷，並有可能在避免貿然將財務資源投入實驗性方案的情況下解決問題。要針對企業進行完整分析，可先測定現今與過去的集體動機等級，以及所有參與營運者的能力。接著，測定各個部門若要成功需要達到哪個等級。然後，以類似方式評估政策、人事、產品、物資、供應鏈、行銷及聘用程序等。可以調查各種不同的行銷策略，而不必進行昂貴的市場分析，如此不僅可保存資本，亦可節省大量的時間與精力。

記住，商業上的傳統慣例就和政治一樣，眞理的地位是模棱兩可的。人們普遍了解，爲了取得優勢所說的話並不會被用來判定個人是否誠實。關於誇大的宣稱、虛張聲勢、白色謊言等，就和西裝領帶一樣，只是市場妝扮的一部分罷了。（事實上，有趣的是肌肉動力學分析經常告訴我們，一旦一個從前値得信任的人開始穿西裝打領帶，就不要再相信他！）因此，日常的企業活動中就有好

③P值，統計研究上代表顯著性的一個指數。

幾種應用方式，例如決定一張帳單或發票是否正確。一項浮報的帳目會讓測試者的手臂變弱，品質不良的成品也是。詐欺或仿冒品很容易就能測出，本技巧可以很快分辨出一張支票的好壞、假貨與眞寶石，以及藝術品的眞假。

科學與研究的先進輔助工具

任何科學上的論文、實驗或理論，都能簡單決定其眞理值，這對科學界與廣大的群衆都是一筆潛在的龐大資產。能從假定的研究方向中獲得多少利益，以及其他研究途徑的價値，都將能事先獲得確認。針對研究計畫的經濟效益，以及研究人員與設備能力所做的檢視，也極具實用價値。

透過「臨界因子分析」，可偵測出系統中花費最小力氣就能獲得最大結果的點。高度複雜並帶有許多不確定變數的電腦模擬，是當今預測未來發展與研擬替代方案的最先進技術，然而，邏輯迴路的先天限制，可以藉由世上最先進的電腦——人類神經系統之肌肉動力學運用，而獲得超越。「量子非局域性」向我們保證：每一個問題的答案皆無所不在，但這個說法對傳統電腦來說可能十分令人困惑。

爲臨床工作找出眞正的病灶

在醫學方面，診斷的正確度及處方療法的效用都可以接受測試。這個技巧對心理問題也相當有價值，因爲心理失調的原因能快速獲得確認。曾經有個備受爭議的調查主題，是所謂的聲稱遭受性虐待的壓抑童年記憶，而我們可以很快就能辨別那些因暗示而衍生出的假記憶。佛洛依德曾下結論道，他所碰過的多數童年遭亂倫的報告都是出自歇斯底里的反應，後來他便不再完全相信了。

肌肉動力學測試可用來支持臨床判斷及科學方法主導的調查，因爲它能超越雙盲研究在先天設計上的限制，亦即它可能會製造出自己極力預防的錯誤。統計數字不能取代眞相，在複雜的生理行爲現象中，最近的經歷很容易被視爲明顯肇因。然而眞正的「肇因」也可能是透過潛藏的吸引子場域所形成的未來牽引。

在教育上去蕪存菁

我們可以測試自己的藏書，讓它們爲你揭露箇中祕密。將書本放在你的太陽神經叢上方，然後請朋友爲你做肌肉測試。重複這麼做之後，你會發現書被分成兩落，而這兩落書之間的差異將爲你帶來重要的啓示——許多受測者都認爲這是他們生命中最寶貴的經驗之一。（有些人會將那兩落書擱置一陣子，讓這份啓示沉澱下來。）

用同樣的方式測試音樂收藏也能爲你帶來許多新訊息。獲得負面反應的那一組會包括暴力傾向的音樂、帶有性別歧視的饒舌音樂，以及重金屬搖滾樂。正面反應的那一組則會包括古典樂、經典搖滾樂（包括披頭四）、多數鄉村音樂（令人驚訝的是，其測定值一般是520——關於「心」的問題）、雷鬼、流行抒情曲及類似的歌曲。

在靈性上不受外在力量左右

雖然本章探討的重點是本技巧的世俗運用，但這裡必須指出，本技巧的運用方式亦可以非常「心靈」。例如，可以測試一組對照的句子：「我**是**一副身軀」與「我**擁有**一副身軀」。若從這一點出發提出適當的問題，將能解決一個人最基本的恐懼。限制性的自我定義創造了恐懼，因爲這創造了人們的弱點。我們的感知受到自己的自我定義所扭曲，而自我定義又來自我們與自己的限制性產生認同。當我們緊抓著我就是「那個」的信念不放時，就會出現錯誤。當我們看見一個人其實是擁有「那個」，或做了「那個」，而非**就是**「那個」時，才能看見眞相。

一個人若能領悟到我「擁有」一副身與心，而非我「等同於」自己的身與心時，將獲得無比的自由。死亡的恐懼一旦被超越，生命的經驗亦將轉化，因爲這個特定的恐懼是其他所有恐懼的基礎。極少人知道無懼的生活是何種模樣——超越恐懼之外是喜悅，存在的意義與目的也將彰顯無疑。一旦有此領悟，生活將變得輕鬆愉快，受苦的根源也消失無蹤了。受苦，是我們爲自己的執著所要付出的唯一代價。

然而，經驗主義議題也是靈性探索的一部分。在靈性研究這件事上，美國人是天眞無邪的，部分原因是美國不像其他歷史較悠久的文化，並沒有很長的心靈探求史。在印度，人們深知這世界到處都是假上師，但美國人沒有這種概念。不斷有來自印度的冒牌貨以天花亂墜的演說唬弄天眞的西方求道者，他們帶著天眞爛漫的信任離鄉背景、拋棄一切，追隨魅力無邊的靈性騙子，走向一條終將幻滅的道路。有些「上師」的精明程度令人咋舌，假裝誠懇的能力也異常高超。甚至連最聰明世故的求道者，也經常被他們吸引。這是一種靈性勾引。眞眞假假摻雜在一個病態的包裝裡，如果一個人無法看出這些人的眞相已遭到錯誤的脈絡所扭曲，這些人的教導聽起來就會很合理。

諸如此類的靈性剝削案件一再在印度被揭發，這些被媒體追逐的騙子若回到家鄉便會遭衆人鄙視，被政府限制在家。這類「導師」有可能製造可怕的災難與悲劇。在臨床診治裡，最具毀滅性的沮喪情緒就發生在那些發現自己在靈性上受到欺騙的人。這種幻滅與痛苦比生命中其他不幸所帶來的沮喪更嚴重，而且受害者經常無法康復。

虛妄預言的魔力一向說服力十足。但是，使用肌肉測試能提供一個安全、簡單的防護措施，避免受騙。要獲得可靠的訊息，可以一邊看著電視上的佈道家，將聲音關起來，然後請人爲你做測試。假上師會讓受測者出現大幅度的弱反應，宇宙似乎認爲靈性強暴是一種特別嚴重的過錯。

那麼，眞正的老師呢？首先，他們的普遍特徵是從來不用任何手段控制一個人的生命——他們只解釋如何提升意識。如果我們做測試，會發現榮獲諾貝爾獎而廣爲人知的德蕾莎修女，測定值爲700，廣受尊崇的印度聖者拉瑪那·馬哈希也是，他已於一九五〇年去世。（他在十六歲時悟道，後來從未離開他長居的那座山，過著簡樸生活，遠離金錢、名望與追隨者。若不是一位知名英國作家將他的悟道事蹟公諸於世，吸引求道者投入其門下，他或許仍不爲人所知。）

靈性詐騙在靈媒與通靈者的世界裡最爲普遍，可以檢查這些媒介及「另一個世界」的訊息「來源」的眞實度有多高。有時候，我們也會測出意料之外的高眞實度。測定値爲500的眞理等級是値得傾聽的（無論其來源爲何），因爲「無法去愛」是多數人類問題的根源。超過等級500之後，個人的財物與世俗需求都變得無關緊要，這也是爲什麼眞正的老師既不追求也不會渴望物質獲得的原因。

若能適當使用本測試系統，一定能爲你帶來自我發現與成長。最後，它能讓我們對每一個人都生起慈悲心，因爲我們會看見，每個人都必須和人性裡的負面特質抗爭，每個人都不免在某些方面笨拙無能，而每個人也都在這條進化路途上的某處——有些在我們前面，有些在後面。我們走過的路是過去的生命教訓，而呈現在我們眼前的則是全新的教誨。

不必覺得內疚，也沒什麼好怪罪的。沒有什麼要去恨，只有一些最好能夠避免的東西，而這些必須避免的死胡同將變得越來越清楚。每個人業已選擇了自己的意識能量等級，沒有人能夠回到過去的某個時間點去改變這一件事。我們只能從「這裡」到「那裡」。每一步的跳躍都必須要有一個起步的平台。痛苦是爲了催生進化，儘管過程可能十分緩慢，但它所累積的效應終將強迫我們走向新的方向。在我們學會一個教訓之前，到底必須跌落谷底多少次？或許幾千次吧，這已足以解釋人類的苦難爲何無量無邊了。文明正慢慢地一點一滴往前進步。

利用本技巧重新評估我們社會上的代罪羔羊是一項有趣的練習，例如，測定聯合國目前的能量等級，然後問問需要哪一個等級才能讓它發揮該有的功能。見到這些數字所顯示的落差之後，我們或許就能不再嚴厲指責某些人或某些機構了，因爲我們知道，他們通常只是欠缺達成任務所需的心靈力。譴責會隨著了解的出現而消失，內疚亦然。一切的評斷，到頭來都只是自我評斷，一旦了解這一點，對生命本質的全面性了解也將隨之出現。

有害之物被揭櫫於世之後，就失去了傷害人的能力。而現在，沒有什麼需要繼續隱藏了。每一個想法、動作、決定或感覺，都會創造出一個環環相扣、互相平衡、活動不息的生命能量場，在時間中留下永恆的紀錄。這樣的了悟初次來臨時可能令人畏懼，卻能成爲快速進化的跳板。

在這個相互連結的宇宙裡，我們在個人世界裡的進步，也能造成整個世界的進步而利益每一個人。我們都漂浮在人類集體的意識能量等級上，因此我們所增加的任何東西，都會回歸到自己身上。我們都爲了共同的福利付出了一己之力，對生命做出了貢獻，而我們貢獻給生命的，也將自動利益所有的人類，因爲我們所有的人都涵括在那叫作「生命」的東西裡。我們**就是**生命。「利人就是利己」這句話是個科學上的事實！

對自己與其他衆生單純付出的仁慈，就是威力最強大的轉化力量。它不會產生後座力、沒有負面效應，也絕不會導致任何損失或絕望。它增加一個人的眞實力量，卻不會造成任何損傷。但要發揮最大力量，這樣的仁慈**不准**有任何例外，也不能抱著任何希望獲得報償的自私期待。它的效應不僅深遠，也極其微妙。

在遵循「同類相吸」「物以類聚」的宇宙，我們吸引來的就是自己發送出去的東西，而且結果可能以意外的方式來臨：某天我們對電梯服務員態度和善，改天有個陌生人在偏僻的公路上幫了我們一個忙。可見的「這件事」並不會「導致」一個可見的「那件事」。事實上，動機或行爲的改變在能量場中發揮作用，此能量場再製造出產生正面反應的更高可能性。我們的內在工作好比累積銀行存款，只是這個帳戶我們無法自由取用，這些資金的安排是由一個精微的能量場所決定，它在等待一觸即發的時刻，好將這份心靈力量釋放回我們的生命中。

狄更斯的小說《聖誕頌歌》是一個與我們所有人有關的故事。我們全都是故事主角史古奇，但我們也全都是提姆。我們每個人在某方面都是自私的，也是不良於行的。我們也是像夥計鮑伯一樣的受害者，也像鮑伯的妻子一樣，是個憤憤不平的道德主義者，拒絕向史古奇敬酒[4]。我們全都被「過去聖誕精靈」所籠罩，而「未來聖誕精靈」則召喚著我們做選擇，好讓自己和他人過得更好。（如果我們測定聖誕節的能量等級（數值爲535），會清楚發現它的力量就存在於人心之中。）

所有的探詢手段都會引領至同一個究竟的答案：人們會發現，沒有任何事是隱藏的祕密，眞理無處不在，這是對小至最簡單的實際事物，大至人類命運問題的重大啓示。在詳察日常生活的過程中，我們會發現，所有的恐懼都立基於謊言。以眞相代替謊言是一切有形、無形生命獲得療癒的最關鍵要素。

每一位提問者最終都會提出一個最後的問題，這也是所有問題之中最大的一個，就是：「我是誰？」

④在這個故事中，史古奇是個冷酷刻薄的守財奴，鮑伯是被史古奇苛待的夥計，提姆則是鮑伯體弱多病的兒子，雖不良於行卻善良樂觀。透過過去、現在、未來三個聖誕精靈的現身，史古奇最後終於覺醒，成為大善人。

第八章

心靈力的來源

The Source of Power

心靈力永遠與支持生命意義的東西有關，是人類本性中我們稱爲「高貴」的那一部分——與「粗魯」的外力正好相反。心靈力訴諸於那些使人提升、賦予人尊嚴、使人高貴的特質。外力永遠必須被證明爲正當，但心靈力並不需要。外力與局部有關，心靈力則與整體有關。

雖然只要稍加分析心靈力與外力，就能得出一些哲學上的結論，但是這份研究的終極目標是要創造實用性的了解（而非學術性或哲學性的）。從實用的觀點來看，我們在繼續探討下去之前，必須知道心靈力的內在泉源爲何，以及它是如何運作的。是什麼造就了它強大的威力？爲什麼外力到最後總是必須臣服於心靈力？

研究〈美國憲法〉能爲我們在這方面帶來許多收穫。這份文件的測定值爲700。若能逐句閱讀，它的心靈力來源就會顯現，也就是這個概念：人人受造生而平等，人權是人類受造爲人的固有本質，因而此權利是不可剝奪的。有趣的是，這正是聖雄甘地獲得心靈力來源的概念。

心靈力vs.外力

若加以詳察，我們會看見心靈力來自**「意義」**。它和動機有關，和「原則」有關。心靈力永遠與支持生命意義的東西有關，是訴諸於人類本性中我們稱爲**「高貴」**的那一部分——與訴諸於我們稱爲**「粗魯」**的外力正好相反。心靈力訴諸於那些使人提升、賦予人尊嚴、使人高貴的特質。外力永遠必須被證明爲正當，但心靈力並不需要。外力與局部有關，心靈力則與整體有關。

如果我們研究外力的本質，很快就會看見爲何它永遠必須臣服於心靈力，因爲這符合一個基本的物理學定律。由於外力總是自動製造出一個反作用力，它的效果便受到自身定義所限制。我們可以說，外力是一種運動——它藉由相反的力，從這裡到那裡（或試圖這麼做）。另一方面，心靈力是靜定的，就像一個不會動的停駐場域。以重力爲例，它不藉由任何東西移動，它的力量在自己的場域之內移動一切物體，但重力場本身並不會移動。

外力總是藉由某樣東西而移動，但心靈力完全不必。外力是不完整的，因此必須不斷灌注能量。心靈力本身就是完整、完全的，不需要任何來自外在的東西。它不提出要求，也沒有任何需要。由於外力的胃口奇大無比，因此永遠在消耗。心靈力則相反，它賦予能量，它給予、補充、支援。心靈力給予生命能量——外力則將它們帶走。我們發現，心靈力與慈悲心有關，而且讓我們正面看待自己；外力則與批判有關，讓我們覺得自己很糟糕。

外力永遠會製造出一股反作用力，它的作用是將事物兩極化，而不是結合在一起。兩極化永遠意味著衝突，因此也永遠是代價匪淺的。由於外力煽動兩極化的發生，因此也不免製造出一種非輸即贏的分裂，而因爲總是有人輸，所以也總是製造出敵人。由於不斷面對敵人，外力就必須不斷捍衛自己。無論在市場、政治或國際事務上，捍衛自己肯定是代價不菲的。

在探究心靈力的來源時，我們注意到它與意義有關，而這意義又與生命的意義有關。外力是具體、刻板、容許爭辯的，它需要檢驗與證明。然而，心靈力的來源不容爭辯，也毋須等待驗證。不證自明的東西是不容爭辯的。健康比疾病重要，生命比死亡重要，榮譽比不榮譽好，信念與信任比懷疑和憤世嫉俗好，有建設性的比毀滅性的好——這些全是不證自明、不待驗證的陳述。在究竟的層次，關於心靈力來源，我們唯一能說的一件事就是：它就只是「如是」。

每一個文明都有自身特有的原則。如果一個文明的原則是高貴的，那麼它就會成功；若是自私的，就會衰敗。**「原則」**這個字眼聽起來可能很抽象，但原則所製造的後果可是非常具體的。若仔細檢視，就會發現原則其實潛藏在意識中一處看不見的領域裡。雖然我們可以舉出這世上具體的誠實例子，但誠實在作爲一個文明中核心的組織原則時，並無法獨立存在於外在世界中。眞實的力量是從意識本身放射而出的，我們看見的其實是無形物質的有形顯現。

❖❖❖

驕傲、高貴的目的、爲生活品質而犧牲等，都被視爲具有啓發性，並賦予生命意義。但在這個物質世界，眞正啓發我們的是象徵重大意義之概念的東西。這些象徵物以抽象的原則重新校準我們的動機。一個象徵就能夠匯集強大的心靈力量，因爲我們的意識中本來就存在著這個原則。

意義非常重要，每當生命失去意義，自殺通常就接著發生。當生命失去意義，我們會先陷入沮喪，而當生命變得無意義到一個程度的時候，我們乾脆就把它丟下。外力的目標是短暫的，這些目標被達成以後，無意義的空虛感依然存在；心靈力則不然，它無止境地激勵我們。舉例來說，如果我們將生命奉獻在增進每一個與我們接觸過的人的幸福上，生命就永遠不可能失去意義；然而，如果我們生命的目標是獲得財務上的成功，那麼目標達成之後呢？這是中年男女身上最常見的沮喪原因之一。

理想幻滅的空虛，是因爲一個人的生命無法與心靈力源頭的種種原則起共鳴。我們可以在當代偉大的音樂家、作曲家、指揮家身上看見此現象的具體呈現。他們經常持續從事自己的多產事業直到八、九十歲，總是孩子成群，而且精力充沛地活到高齡！他們將生命奉獻給美的創造與體現，這即是融入並體現了強大的心靈力。臨床上，我們知道長壽與活力其實是跟與美共鳴有關，因爲美是創造力的一種作用，此長壽現象在所有發揮創造力的行業中相當常見。

一旦有人突破，人的潛力便被提升

實證主義的哲學立場是假設無法量化的東西皆非眞實，這對科學而言是很自然的。然而，心靈力的來源是看不見、摸不著的。邏輯經驗主義的謬誤從它最根本的假設就可清楚看出來。說「無法測度的東西皆非眞實」這句話本身，就已經是抽象的立場了，不是嗎？這個論點本身也看不見、摸不著、無法測度。這種強調實質性的論調，本身就是從無實質性創造出來的。

即便這樣的立場成立，又有誰會想要過一個沒有驕傲、沒有榮耀、沒有愛、沒有慈悲或勇氣的人生？儘管這個論點的意涵有點可悲，我們還是來談談吧。

心靈力是否有任何可觸知的具體基礎？它只是從那無法定義、神祕、哲學、靈性或抽象的東西而開展出來的嗎？有沒有什麼事情是可以讓只熟悉左腦世界的人知道，進而更加了解心靈力？即使左腦世界精密一如電腦，卻依然只是一個機械性測量的系統。

在開始之前，讓我們提醒自己：即使是世上最先進的人工智慧機器，也無法感受到喜悅或幸福。外力可以帶來滿足，但只有心靈力能帶來喜悅。戰勝他人能爲我們帶來滿足，但戰勝「自己」爲我們帶來的是喜悅。然而就如同前幾章提到的，現在這些品質不僅能被測度，也能正確地被測定出某個數值。爲了使這個事實更容易被理智所掌握，讓我們透過一些容易理解的高等理論物理學觀念，來繼續這趟旅程。

不需要畏懼這些觀念，這些觀念對日常生活的意義雖然深奧，但也非常簡單明瞭。要享受汽車輪胎帶來的便利，並不需要了解橡膠的分子結構，即使證明方法可能很複雜，例如愛因斯坦的「相對論」、貝爾定理等，但都能用幾個簡單易懂的句子敘述出來。

有幾個已被定義的觀念與了解心靈力的本質有關。其中一個是物理學家大衛·波姆的理論，指出同時有一個有形的與無形的宇宙存在。這個想法應該不會太驚人，因爲我們日常熟悉的許多事物如X光、無線電、電視波等，也不是有形的。一個「內折的」宇宙與那有形、「外展」的宇宙平行運作，外展的宇宙只不過是那個內折、無形宇宙的顯現。

因此，舉個例子，想要建造世界最高建築的想法支持了最後的結果，也就是無形的概念變成了有形世界的帝國大廈。當創造者的心中出現靈感，那內折的宇宙就與人類的意識連結在一起。波姆說，意義將心與物連接在一起，就像錢幣的正反兩面。另一個有用的觀念是謝德瑞克的「形態生成場」或「M場」（M-field）概念。這些無形組織模式的作用，就是作爲在生命的各個等級上建構形式的能量樣板。正因爲「M場」的獨特性，同一物種間才得以出現相同的呈現。意識的能量場也存在著類似M場的東西，就潛藏在思想模式與形象底下，這種現象稱爲「形成因果律」。M場有助於學習的概念已透過大規模的實驗獲得證實。

自從羅傑．班尼斯特打破四分鐘跑完一哩的紀錄後，便創造出一個新的M場。當時，人類意識中普遍的信念系統是：四分鐘跑完一哩是人類潛能的極限。一旦新的M場形成，許多跑者突然能在少於四分鐘的時間內跑完一哩。當人類有所突破，進入一個新的典範時，這種事屢見不鮮，不管是飛行的能力（由萊特兄弟所創造的M場）或是擺脫酒癮的能力（由「戒酒無名會」創辦人比爾．W所創造的M場）。一旦某個M場形成，任何重複這個成就的人就再度強化了M場的力量。

新點子經常會在同一個時間點，出現在相距遙遠的幾個不同人的腦子裡，我們對這個概念應該不陌生。顯然，M場發揮了組織作用，就像磁鐵吸力一樣。M場本身不需要移動，它是一種無所不在的停駐能量場。M場一旦被創造出來，就成爲一個開放給所有人的模式，遍布在無形的宇宙中。

混沌理論

下一個我們必須稍加仔細探討的觀念是**「混沌理論」**（非線性動力學），最初被應用在天氣檢測上。幾世紀以來，關於氣候的研究已讓人們產生一種共識，即天氣沒有可定義、預測的數學模式

（如同我們也已經決定，沒有任何數學方法能證明滴水的水龍頭何時會滴水，甚至解釋水滴是如何形成的）。混沌只是代表明顯無意義的大量資料（例如滿布的小圓點），讓人看不出有任何內在的組織模式。然而我們發現藉由電腦分析，可以在看似毫無組織的東西裡發現內在的組織模式——那表面上無條理的東西，其實存在內在的條理。

這樣的分析揭露出一個看似阿拉伯數字八對摺在一起的模式，經常伴隨著「漏斗效應」，因此圖形本身具有可重複的幾何結構。科學領悟到的是幾千年來神祕家所宣稱的：宇宙眞的是有條理、統一的，並由統一的模式所組織。

非線性動力學已證實，宇宙中其實並沒有所謂的混沌，表面上的無秩序只不過是受限感知的功能。這對左腦導向的人而言著實困惑，但對右腦導向的人而言，似乎是不證自明的。有創造力的人寫作、畫畫、雕刻或設計出他們早已在腦海中看見的東西——畢竟，我們不會出於邏輯而跳舞，而是出於感覺模式而跳舞。我們出於價值觀來做決定，而價值觀與內在的模式有關。

一般人所接受的因果關係鎖鏈就如同我們在基礎科學裡學到的，依照A→B→C的順序發生。在那個物質決定論的系統中，沒有任何東西是天生自由的，僅只是另一個東西的結果，因此是受限的，而這個系統所說明的眞正東西，其實是外力世界。外力A導致外力B，然後再傳遞到外力C，造成D的後果；D又成爲另一串連鎖反應的起點，**永無止境**。這是左腦的世界，是世俗、可預期的。這是受限的典範，傳統科學就是從這裡運作的：它是熟悉、可控制、很容易製成圖表的，卻是沒有創意——已決定的，因此受到過去的限制。那不是天才的世界，但是讓許多人感到安全。那是生產力、實用性的世界——但是對創造力豐富的人而言，那似乎很呆板、無聊，而且沒什麼啓發性。

構思帝國大廈是一回事，讓它成眞又是另外一回事。要讓一件事眞正發生需要動機，而動機是從意義而來。因此，有形與無形的世界是連接在一起的，正如我們畫過的圖示：

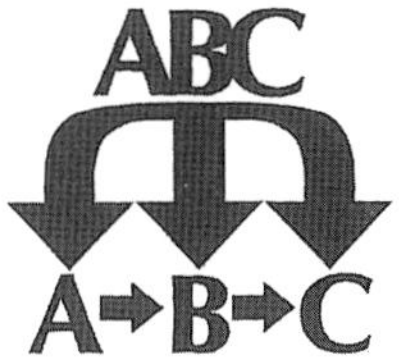

在此我們可以看見以下觀念：無形內折宇宙中的ＡＢＣ，啓動了有形世界中的顯現，造成了Ａ→Ｂ→Ｃ。因此，有形世界是從無形世界創造出來的，也因而會被未來所影響。將無形概念具體化的能力，是基於原始概念的心靈力量而來。我們或許可以說，是右腦「弄懂了模式」，左腦「讓它變成有形」。ＡＢＣ可以是一個高能量吸引子，也可以是低能量吸引子，某些觀念與價值的力量顯然比其他的更強大。（到目前爲止，科學僅說明了吸引子可能是高能量或低能量其中一種。）

簡單來說，強力的吸引子模式讓我們變強，虛弱的模式則讓我們變弱。有些念頭的削弱能力很強，光是心中想著該念頭就能讓受測者無法將手臂維持在平舉狀態；有些念頭或觀念則十分具有加持力，受測者心中想著時，無論如何施壓都無法讓他的手臂被壓下。這是很普遍的臨床觀察。強力的模式與健康有關，虛弱的模式則與疾病、死亡有關。如果你心中想著原諒，手臂會非常強壯；如果抱著報仇的想法，手臂便會變弱。

我們的目的是讓你知道，你要做的只是認出心靈力才是讓你變強壯的東西，外力只會讓你變弱。愛、慈悲與寬恕，可能會被一些人誤認為是屈從的想法，其實卻擁有深刻的心靈力量。而復仇、批判主義，以及譴責，一定會讓你變弱。因此，無論道德上的正當性如何，長遠來看，弱的無法戰勝強的，這是一個臨床上的簡單事實。那些弱的，將自己衰敗。

人類歷史上具有偉大心靈力量的人，就是完全與強力吸引子共鳴的人。他們一再重複宣稱，他們所顯現的力量不屬於自己。他們每一個人都將此力量來源歸功於一個比自己更偉大的東西。

人類歷史上所有的偉大老師，只教了我們一件事，無論用什麼語言、在什麼時候，他們都一再告訴我們，事情很簡單：選擇強力的吸引子，捨棄虛弱的吸引子。

在檢視這些吸引子時，我們會發現，一些虛弱的模式傾向（只在形式上）模仿較強的吸引子，我們稱之為**「模仿者」**。第三帝國的德國人被偽愛國主義所欺騙，因為他們以為那是真正的愛國主義。狂熱的煽動者試圖告訴我們，模仿者就是真實的東西。煽動者為了達到目的，總是說盡花言巧語……那些從心靈力層次行動的人，不需要說太多的話。

第二部

內容

第九章

各式心理特質的強弱

Power Patterns in Human Attitudes

宇宙中的每一樣東西，皆散發出帶有特定頻率的能量模式，而且有一些人知道如何解讀這些頻率。我們最終都必須爲自己產出的每一個思想、說過的每一句話、做的每一個行爲負起全責。

區別高能量與低能量模式的能力，是大多數人必須透過痛苦的摸索試驗才能獲得的感知與辨別能力。失敗、受苦，最終生病，是受到虛弱模式的影響；成功、幸福快樂及健康，則從強力吸引子模式開展而來。所以，花幾分鐘時間瀏覽以下的對比模式列表絕對值得，這些心理特質都經過研究與測定，以決定其個別的標準。這份涵蓋範圍完整的列表是依據「閉合法則」[1]來運作的教育工具。若能反思這眾多對比品質，就能啓動意識提升的程序，一個人也會漸漸更加覺察到人際關係、事業，以及生活上其他互動關係的運作模式。左邊的項目是形容強力（正面）模式的形容詞，測定值200以上；右側的項目是虛弱（負面）模式，測定值200以下。

只要將這份列表讀過一遍，你就會產生改變——僅僅是熟悉這兩極的不同就能增強一個人的內在心靈力。若能記住這些不同，我們就會開始注意到過去從未留意的事。這樣的轉化的確會發生，因爲讀者會發現，宇宙比較喜歡心靈力。

此外，宇宙也不會忘記。「業力」這個問題有許多說法，但每當我們選擇要成爲什麼樣的人、要如何做，都是造成重大後果的選擇，因爲我們做的所有選擇將會造成久遠的迴響。有數千個如丹尼·白克雷的暢銷書《死亡·奇蹟·預言》，或貝蒂·伊的《靈魂出竅4hr》（此書測定值爲595）中所描述的瀕死經驗報告指出，當事者證實我們最終都必須爲自己產出的每一個思想、說過的每一句話、做的每一個行爲負起全責，而且將體驗到和我們所造成的痛苦一模一樣的受苦經驗。以這個意義而言，我們每個人的確創造了自己的天堂或地獄。

強力模式	虛弱模式	強力模式	虛弱模式
豐足	過度	接受	拒絕
欣然贊同	屈尊俯就	容許	控制
有魅力	具誘惑	權威	武斷
美麗	浮華	是	有
率直	擅於算計	無憂無慮	輕佻
快活	狂躁	珍惜	估價
關心	主觀評斷	調解	頑固
有意識	未覺知	體貼	溺愛
勇敢	魯莽	保衛	攻擊
果決	固執	專心致志	占有欲強
富教育性	有說服力	平等主義	菁英主義
精力充沛	激動不安	生氣勃勃	筋疲力盡
性愛的	色欲的	本質的	表面的
卓越	尚可	經驗豐富	憤世嫉俗
靈活	死板	寬恕	憎恨
溫和	粗暴	天賦	幸運
優雅	端莊正經	感激	欠人情
有助益	具干涉	整體性	分析性
謙遜	自卑	幽默	嚴肅
靈感、創見	平凡、世俗	有目標	擅算計
邀請	慫恿	潛心	著迷
仁慈	殘忍	引導	強迫
忠誠	沙文主義	寬容	縱容

① principle of closure，由完形心理學派所提出，是一系列人類感知組織法則的一種。閉合法則即大腦傾向於將斷裂的部分自動接合，自行完成未完成的部分。

強力模式——虛弱模式		強力模式——虛弱模式	
高貴	浮誇	滋養	消耗
樂觀	悲觀	有條理	混亂
有愛國心	國族主義	平靜	好鬥
承認	否認	美感	附庸風雅
讚賞	嫉妒	肯定	批評
覺察	出神	平衡	極端
相信	堅持主張	才智	精明
接受挑戰	受到阻礙	樂善好施	鋪張浪費
選擇去做	必須去做	文明	正式禮儀
自信	自大	迎頭面對	騷擾
建設性	破壞性	奮鬥	競爭
民主	獨裁	超然	遠離
圓滑	欺詐	實行	取得
同理心	可憐	鼓舞	宣傳
展望	描繪	平等	優越
永恆	短暫	合乎倫理	模棱兩可
公正誠實	審慎顧忌	富饒	奢華
自由	受控	慷慨	小氣
給予	拿取	總體	局部
和諧	分裂	具療癒效果	引發不快
誠實	合法	尊崇	崇拜
不偏不倚	道德正義	足智多謀	詭計多端
有直覺力	刻板	發明創造	平庸乏味

強力模式 —— 虛弱模式		強力模式 —— 虛弱模式	
洋溢喜悅	舒適愉快	正直	苛刻懲罰
使獲得自由的	限制的	長期	立即
不虛誇	高傲	自然	矯揉造作
觀察力敏銳	猜疑	光明正大	偷偷摸摸
外向	矜持	有耐心	急切渴望
禮貌	諂媚	心靈力強	強勢
讚美	奉承	有原則	權宜之計
具接受性	緊抓不放	釋放	頑強
負責	內疚	滿足	過飽
服務心態	野心勃勃	樂於分享	喜歡囤積
自發	衝動	靈性	唯物主義
臣服	擔憂	溫柔	剛硬
歷久不衰	一時流行	包容	偏見
真實	虛假	團結	分裂
感到榮幸	認為應得	有意義	有欲求
可靠	依賴	懇請	苛求
擇取	獨占	寧靜	單調乏味
意義重大	位高權重	清醒	迷醉
堅定	躊躇不前	努力	掙扎
考慮周到	迂腐	節儉	廉價
馴良	與人做對	容易信任	易受騙
無私	自私	重視	剝削
溫暖	狂熱		

在我們為每一件事選擇遵循哪一條道路的時候，宇宙都屏息以待，對宇宙而言，生命的本質是高度意識。每一個行為、思想及選擇，都為那永久的拼圖再湊上一塊，我們的決定將在意識的宇宙引發陣陣漣漪，影響一切生命。

避免這個概念被認為僅限於神祕主義或出於想像，讓我們記得新理論物理學的基本原則：宇宙裡的每一樣東西都與其他所有東西息息相關。

我們的選擇會增強強力M場的形成，也就是無論我們喜不喜歡，都會影響他人的吸引子模式。我們所做的每一個支持生命的行動或決定，也將支持**所有的**生命，包括我們自己。我們所創造的漣漪將回到自己身上——這個過去被視為形而上學的論述，現在已經是經過確立的科學事實了。

宇宙中的每一樣東西，皆散發出帶有特定頻率的能量模式，它會持續到永久，而且有一些人知道如何解讀這些頻率。每一句話、每一個行為、每一個意圖，皆會寫下永不消失的紀錄。每一個念頭都將永遠被知曉、記錄。沒有祕密、沒有什麼隱藏的東西，也不可能有。我們的心靈在時間中是赤裸裸的，每個人都看得見的——每個人的人生，最終對宇宙而言都是可以解釋的。

第十章

政治心靈力

Power in Politics

心靈力是支持生命的，外力則與爲了某人或某組織的利益而剝削生命有關。心靈力爲他人服務，外力則只顧自己。政治家犧牲自己來服務他人，政客則是犧牲他人來服務自己。

想進一步了解心靈力與外力兩者之間的關鍵差別，以及這個差別的意涵對我們的生活有何影響，可以針對較大規模的人類行為進行檢視。人類與政府的互動便提供了許多清楚的例證。

從某個獨特的觀點來看待歷史，自然而然會想起「美國革命」所樹立的心靈力典範，它首度確立自由為不可剝奪的權利，為隨後數百年的人開創了先例。測定值高達700的法則將在長遠的未來影響全人類。筆桿的確比槍桿更有威力——因為心靈力源自於心，而外力卻是立基於物質世界。

世界史上有個相關的關鍵事件（一個我們曾提過，也將再次提及的事件），經由一個只有九十磅的有色人種——聖雄甘地——獨自展現的心靈力而實現。他隻身對抗大英帝國這個當時世上最大、管轄地球表面三分之二土地的強權。

甘地與邱吉爾的心靈力

甘地不僅迫使大英帝國屈服，也讓持續數百年之久的殖民大戲終於落幕，而他僅僅藉著堅守一個原則就辦到了——即人類固有的尊嚴與自由、自治、自決的權利。在甘地眼中，這個原則最重要的就是：這些權利是由人之神聖創造而來。甘地相信，人權不是由任何世間的力量所賦予的東西，它就根植於人的本性之中，因為那是人類創造之初即固有的。

暴力是外力，但甘地所共鳴的是心靈力而不是外力，因此他禁止使用任何暴力。由於他表達的是普世通用的原則（測定值為700），因此能夠將所有人民的意志團結起來。當人民的意志因普世原則而團結一致並產生強大共鳴時，就變得不可能被征服了。殖民主義（測定值175）是由統治國家基於利己的立場而發明的。甘地向全世界展示了一次以無我之心靈力對抗利己之外力的過程。（南非的曼德拉也曾以十分戲劇化的方式向世人展示此原則。）

心靈力能從容不費力地達成外力即便使盡全力也不可能達成的事物。因此，在當今這個時代，我們見過蘇聯政府的共產主義在經過將近半世紀烏雲密布、最終功虧一簣的軍事對陣後，幾乎輕而易舉地解體。長期以來習慣沙皇的獨裁統治、在政治上單純天眞的蘇俄人民，缺乏公民智慧去了解極權獨裁政體已經以「共產主義」之名建立了；同樣的，德國人民也被希特勒欺騙了，他以「國家社會主義」之名成爲當權者，其實只爲了施行他的專制暴政。政治上的外力有一個特性，就是無法包容異己。這兩個政權都必須依賴祕密警察大量滲透的外力。害死數百萬人的史達林依賴特工，而希特勒則依賴他的親衛隊。

希特勒集結了世上最強大的軍事陣容。在純外力的層面上，他的軍隊是攻無不克的。然而，他卻無法打敗英吉利海峽對岸的一個小島，只因邱吉爾所展現的心靈力，透過自由與無私犧牲的原則使人民團結一致。邱吉爾代表的是心靈力，希特勒則代表了外力。當這兩者相遇，心靈力終究會成功，長遠來看，如果心靈力深深扎根在人們的意志中，心靈力對外力是免疫的。

外力充滿誘惑，因爲它散發出某種令人嚮往的魅力，儘管這種魅力是展現在錯誤的愛國主義、名望或統治的僞裝之下，但眞正的力量卻通常十分不具魅力。有什麼比第二次世界大戰時納粹的德國空軍或「蓋世太保」（納粹祕密警察）更令人嚮往？這些菁英部隊是浪漫、特權、時髦的體現，當然也有強大的外力供其隨意使用——包括當時最先進的武器，以及鞏固他們勢力的「**團隊精神**」。這是一種強悍、令人望而生畏的迷人魅力。

弱者將會被吸引，甚至可以爲了外力的魅力而壯烈犧牲，有什麼比這個更能讓駭人的戰爭發生？外力經常能暫時占上風，而且弱者會被那些看似已經克服軟弱的人所吸引，還有什麼比這個更能造成獨裁統治？

外力的特色之一就是自大，心靈力的特徵則是謙虛。外力是浮誇的，它握有一切答案，心靈力不會誇耀。誇耀其軍事獨裁政府的史達林，在歷史上的地位已跌落至頭號罪人的角色；總是穿著素淨西裝，輕易承認自己錯誤的謙卑的戈巴契夫，卻獲得了諾貝爾和平獎。

許多政治系統與社會運動都是從眞正的心靈力開始的，但隨著時間過去，他們變成了被利己主義者指派的人，進而越來越依賴外力，導致最後狼狽收場。我們的文明史上一再重複出現這種情形。人們很容易忘記，共產主義最初的訴求是理想的博愛主義，就如同美國的工會運動，後來才變成了小心眼政客的避風港。

要充分了解我們所談的二分特性，就必須考慮到政客與政治家的差異。政客以權宜之計運作，藉由測定值低於200的「說服外力」謀得一官半職後，便以外力處理政務。政治家代表的則是眞實的心靈力，以靈感從政，以典範教導，並支持不證自明的原則。政治家激發了存在於每個人內在的高尙德行，且透過一個叫作「心」的東西將衆人團結起來。頭腦的智識很容易被欺騙，心卻能分辨出何謂眞實。在頭腦的智識受限的地方，心是無限的；當智識著迷於短暫的事物時，心只在乎永恆。

外力必須經常依賴花言巧語、宣傳伎倆、華而不實的論辯，才能獲得支持並掩蓋表面下的動機。而眞理的特性之一就是：它毋須辯護，它是不證自明的。正如「人生而平等」這句話，它不需要被證明爲正當，也不需經過辯才無礙的說服；正如在集中營以毒氣致人於死是錯的，它不證自明，不需要任何論辯。眞實力量所依據的原則從不需要經過證實，而外力總是需要——總是有數不清的論辯，討論外力是否「已證明爲正當」。

心靈力是支持生命的，這點很清楚，外力則與爲了某人或某組織的利益而剝削生命有關。外力是分裂的，透過分裂而弱化，而心靈力所做的則是統合。外力製造出兩極對立，武力外交政策對軍事主義國家極具吸引力，顯然也讓他們與其他國家嚴重疏離。

心靈力吸引，外力則排斥。心靈力具有統合力，所以沒有眞正的敵人，儘管它的表現形式可能會受到機會主義者的反對。心靈力爲他人服務，外力則只顧自己。眞正的政治家爲人民服務，政客則是剝削人民，只爲滿足一己的野心。政治家犧牲自己來服務他人，政客則是犧牲他人來服務自己。心靈力訴諸我們較高尙的天性，外力則訴諸較低下的天性。外力是受限的，心靈力是無限的。

外力堅持爲達目標不擇手段，因此會爲了一時的權宜應付而出賣自由。外力提供迅速、簡單的解決辦法。對心靈力而言，手段與目標是同樣的，但它的目標需要更高的成熟度、紀律及耐心才能開花結果。偉大的領導人鼓勵我們懷抱信念與自信心，因爲他們的心靈力具有絕對的正直，而且依循的是不可侵犯的原則。這些人物了解，你不可能在原則上讓步，同時又保有自己的心靈力。邱吉爾從未對英國人民使用外力，戈巴契夫也不曾用過一顆子彈，就在世上最龐大的政治體系中掀起全面的革命浪潮。而甘地，甚至不曾憤怒地揮手就打敗了大英帝國。

自由民主體制的心靈力

民主終究受到普遍的認可，而被視爲較優良的政府形式。世界各地要求自由的呼聲越來越高，許多世代以來飽受壓抑的國家，爲了建立自由體制，也在學習必要的經驗教訓。若依照傳統科學來看，歷史學家通常會以A→B→C的因果關係來解釋這種政治事件的順序，然而，這只是一個具有更大力量的東西所展現出來的表面順序，那東西就是孕育社會的ABC吸引子模式。

美國或其他民主體制的心靈力，是從它所賴以建立的原則中應運而生。因此，我們可以透過檢視以下內容而找到這份心靈力的根據，諸如〈美國憲法〉〈人權法案〉〈獨立宣言〉等文獻，以及獲得肯定的民主精神表現，例如〈蓋茨堡演說〉[1]。

如果我們測定這些文件每一行的相對力量，就會發現最高的吸引子模式。美國政府發源之處的〈獨立宣言〉說：「我們認爲這些眞理不證自明：人人皆生而平等，造物者賦予他們若干不可剝奪的權利，包括生命權、自由權，以及追求幸福的權利」（測定値爲700）。

這份情操亦同樣在〈蓋茨堡演說〉的字裡行間迴蕩著，演說中林肯提醒我們這個國家是由自由所孕育，並「……致力於人人皆生而平等的信念」，而且「此國家，在神的護佑之下，當擁有自由之新生——而一個民有、民治、民享的政府當免於衰亡」（測定值亦爲700）。

如果我們檢視林肯在美國內戰艱困時期的行動與言論，我們會發現，可以絕對肯定的是，他毫無仇恨之心。他對南方懷抱的是慈悲之心，而非敵意——因爲他比任何人都了解，這場戰爭只是人類較高與較低天性之間的戰役。因此，他代表的是他所謂「不證自明」的眞理，並爲他深知必須付出的代價而哀悼。

〈獨立宣言〉說：「我們認爲這些眞理不證自明」——亦即人權是造物者所賦予的本質，是**不容剝奪的**，也就是說，它們不是從外力上的法令衍生而出，也不是由任何短暫在位的統治者所賦予的。民主承認被統治者，而非統治者的神聖權利。這種權利不是憑藉頭銜、財富或軍事優越性而來，它是一種深刻的表達，闡述人類本質的核心要素及人類生命固有的原則：自由與追求幸福。（甘地的心靈力基礎測得的數值與〈獨立宣言〉的心靈力基礎一樣。他們最關心的都是自由、自主權，以及由神聖造物者所賦予每一個人的平等權利。）

①一八六三年，美國內戰「蓋茨堡戰役」結束的四個半月後，美國前總統林肯在賓州「蓋茨堡國家公墓」揭幕式中發表了這不到三百字卻名留青史的演說。文末的「民有、民治、民享」已成為定義現代民主政治的經典名句。

有趣的是，如果我們測定神權政體的吸引子能量場強度，會發現它始終低於任何同樣認同「造物者」爲終極權威的民主政體。〈獨立宣言〉的起草者在**「靈性」**與**「宗教」**兩者之間，很機敏地做出了非常明確的區別。他們若非出於理智，也必定是直覺地知道這兩種力量之間的顯著不同。宗教經常與外力有關，在歷史上甚或今天，有時甚至會帶來災難，而靈性概念如忠誠、自由和平等，不會製造鬥爭或衝突，更不用說戰爭了。靈性永遠是非暴力的。

我們必須記住，爲了利己的權宜做法而違反原則，即是放棄巨大的心靈力。例如，將罪犯處死能遏止犯罪的理論，經研究是站不住腳的，而且爲達目的不能不擇手段。這個違反原則所造成的後果，就反映在美國的犯罪統計數字上。在美國，謀殺已如家常便飯，甚至連報紙的頭版都上不了。

由於我們無法辨別「原則」與「權宜之計」的差異，一般人缺乏辨別能力來了解虛假的愛國主義與眞正的愛國主義、虛假的神與眞正的神、虛假的自由與眞正的自由、虛假的自主權與眞正的自主權之間有何差別。因此，「美國主義」就被白人至上主義團體（測定值150）與動用私刑的暴民用來合理化自己的行爲，正如歷史上的好戰分子總是以「神」之名發動戰爭。將自主權錯誤詮釋爲放縱則告訴我們：許多人還不明瞭虛假的自由與眞正的自由之間有何差別。

要學習分辨原則與其仿冒者，需藉助經驗與受過教育的判斷能力。有能力做出判別，對現代世界的道德生存實屬必需，但是在那些最爲灰色的模糊地帶，卻是當務之急。在那些地帶，倫理道德上的模稜兩可已從傳統形式提升爲藝術形式了：就在政治舞台與日常商業活動的交易市場上。

第十一章

市場心靈力

Power in the Marketplace

本研究告訴我們，顧客願意為品質掏出他們的錢，而品質好的產品本身就是最好的行銷，不需要花俏的廣告宣傳花招。因為正直與卓越是與心靈力產生共鳴的，它們本身就是活廣告。

人類有選擇的自由，若沒有這自由，就沒有所謂的「責任」可言。而事實上，最究竟的選擇是選擇與高能量吸引子場域或低能量場域共鳴。讓政府、社會運動及整個文明垮台的虛弱吸引子模式，也一樣會不斷毀掉公司或個人的職業生涯。一個人必須選擇，然後爲其後果負責。

在商業領域，這些後果是最劇烈、最顯而易見的，但若能徹底了解幾個基本概念，就能輕易避免失敗。無論在產品、公司或員工方面，都極易測定其吸引子能量場。在我們的研究裡，失敗事業與成功事業的差異已證明十分顯著，因此優異的預測準確度是可預期的。

常見的是，所謂的「買家」（可以是一個投票人、投資人、求道者，或者購買者）經常會被「模仿者模式」的絢爛表象所吸引，它看起來似乎是個高能量吸引子模式。人們總是會被外在的光鮮亮麗所迷惑，就像買入白銀的天真投資人，最後發現整個白銀市場都受到了操弄。美國惡名昭彰的「儲貸危機」①及其始作俑者，也可以早在醜聞爆發前就被指認出來。僅僅藉由檢視一個事業體的作爲是與高的或低的吸引子模式共鳴，就能避免類似的災難發生。一旦了解商業上外力與心靈力的不同運作方式，幾乎光憑直覺就能識別兩者的不同。

效率可能所費不貲

沃爾瑪百貨的創辦人山姆．沃爾頓提供了一個如何與高能量吸引子模式共鳴，從而獲得心靈力的模範。他所構想的 ABC 形成了 A→B→C，一個成長迅速的沃爾瑪巨人（其中運用的原則在《美國最富有的男人》一書中有詳細描述）。

當今大型商店的走道上似乎看不見半個商店員工，整體而言，對顧客的冷漠態度令人吃驚。然而，沃爾瑪的員工都被訓練爲樂於助人、親切且精力充沛——這在工作場所反映出一種人道的能量場。他們的工作變得有意義、價值，因爲他們與「服務」共鳴，致力於支持生命與人類的價值。所有的沃爾瑪百貨都設有一個專區，讓你能停下來歇歇腳，並做出更好的採購決定——這種爲了因應簡單的人性需求而做的空間分配，就每平方呎的銷售總額而言，恐怕永遠無法通過科學化的管理計算。然而這些「效率」專家所忽略的是人性化的同理心，以及數百萬顧客的市場忠誠度。電腦不會感覺，如果人們了解**「感覺將決定是否購買」**這一事實，就會更加注意感覺這件事。

一個經常被忽略卻極爲重要的商業因素就是員工親切如「家人」的感覺——他們對該公司的忠誠度。這是成功企業的一個顯著特質。覺得受到滋養與支持的員工，就是那些對顧客露出眞誠微笑的員工。這種環境下的另一個特點就是低流動率，而冷漠、沒有人情味的公司，流動率總是特別高。員工短缺問題，永遠是低能量吸引子模式的一種表現。一間剛列入本章研究對象的大型折扣連鎖藥妝店，其臨界因子分析顯示，不額外聘用員工負責結帳櫃檯的工作所省下的那一點點費用，將持續

①八〇年代末及九〇年代初期，銀行出售房貸所得不足以支付存款利息，加上美國政府在一九八六年通過賦稅改革法，取消房地產投資損失抵稅優惠，導致許多人拋售房產，房市泡沫化，儲貸銀行的財務困境也更加惡化。

造成大筆的銷售損失。這種短視現象在低能量場主導的企業裡相當常見。

想成功，先成爲那樣的人

想成功，就必須擁抱並執行能製造成功的原則，而非光是模仿成功者的行爲——因爲要做他們所做的事，就必須先**成爲像他們那樣的人**。一些模仿沃爾瑪百貨部分特色、希望能重新奪回市占率的公司都無法成功，因爲他們只模仿了A→B→C，而非與那些特色的來源ABC產生共鳴。

我們針對吸引子模式所做的研究，與湯瑪斯・畢德士和羅伯・華德曼合著的《追求卓越》一書中的結論有密切關聯，此書針對若干成功的大企業進行了詳細的分析。作者下結論道，成功的公司就是那些擁有「一顆心」的公司，和那些嚴格左腦取向、科學化管理的公司不一樣。閱讀這份資料，會讓人對許多市場調查過程的不足感到震驚：那些統計學家根本不知道該問什麼問題。

除了計算公司所賺的數百萬美元，分析人員也可以好好評估他們**沒有**賺到的那數百萬美元。美國汽車工業的衰落就是個好例子。從勞斯萊斯或福斯金龜車的成功經驗來看，擁護「計畫性過時」②哲學而非以經久耐用的品質爲本，是嚴重的錯誤估算。幾年前，我們的研究就指出，只要遵循我們已辨識出的高能量吸引子模式，底特律就能重新贏回汽車市場。眞正展現創意的革新行動是必要的，如此才能重新抓住大衆的想像力，而且也必須以堅固耐用的品質取代效率至上的策略。

在明白這筆投資很快就會損失掉後，還願意付錢的人可不多，這是相當合理的。顯然車子折舊的損失不是車子本身眞正的、固有的價值：外表的光鮮亮麗與浮誇的售價反映的不是眞正的價值。畢竟，人們很樂意支付五萬美元、甚至更高的價錢來購買一部二手的勞斯萊斯，因爲他們知道，二十年後它依然經典，機械部分也還很堅固，轉售價值仍很高。

我們的研究顯示，如果車子本身的價值等同於買價，消費者會願意支付高價來買車，如此就能保護這筆投資。此外，如果車子性能佳並能長期保值，最理想的是保固一輩子，那就更好了。（例如，一部馬達與動力系統都可輕易更換並終身保固的模組化車子，肯定能夠勝出。）吸引子研究告訴我們，顧客願意爲品質掏出他們的錢，而品質好的產品本身就是最好的行銷，不需要花俏的廣告宣傳花招。因爲正直與卓越是與心靈力產生共鳴的，它們本身就是活廣告。

利潤最高、臨界因子分析最簡單的應用之一，就是廣告業。利用我們所說的簡單肌肉動力學技巧，就能立刻顯示一個行銷計畫或電視廣告是強還是弱。

公司行號之所以付出大筆廣告預算，就是希望盡可能接觸到最大量的觀眾或閱聽眾，但是，如果一個讓觀者變弱的廣告被大量傳播而損傷了公司的形象，這個策略反而適得其反。一個讓人變強的廣告會引發對產品的正面感受。同理，在讓觀眾變弱的電視節目購買廣告時段的廣告業主，也會

② 產品設計時便故意讓它在一段時間後過時、報廢，而非以堅固耐用的品質為設計目標，藉此吸引消費者不斷購買新產品。通用汽車公司是最先使用這個策略的公司。

發現他們的產品被無意識地與這些負面感覺聯想在一起。藉著分析廣告，便能確立會讓人變弱、產生負面效果的因素——播報員的聲音、演員的格調，或者某些詞彙、觀念或象徵的使用等。一些不斷製作品味低級、甚或令人尷尬廣告的公司，反映出他們廣告行銷部門的吸引子能量場普遍低落。

鼓勵正面特質，而非打擊負面特質

在表面的商業世界之外，社會也製造出許多其他「市場」，在那些地方人們的人性需求被滿足、被交換、被偷竊、被強迫、被否定。生活上有個簡單的事實是：一個人的需要若獲得滿足就會感到稱心愉快；若受到挫折就會導致暴力、犯罪、情緒混亂騷動。如果政府的監管機關能夠支持人類需要的滿足，而非實施道德教條、非黑即白的措施來鎮壓「社會問題」，這些機關就可能可以成為改善人類生活的強大力量。

感知的場域受限於相關的吸引子模式。這表示在一個情境之下，辨認出重要因素的能力將受限於從觀察者意識能量等級中生起的脈絡。觀看者的動機將自動決定他看到了什麼，因此，因果關係將歸因於實際上是觀察者偏見之作用的因素，而不是情境本身當中起作用的因素。「情境道德」的觀念告訴我們，如果沒有參考當下的脈絡，便無法決定某個行為是正確或錯誤。如同每一個條件因素都會為畫面上色，不同灰色度（灰階）的出現也會改變畫面的全貌。

低能量吸引子場域的指標之一就是對立面的爭鬥。心靈力永遠帶來雙贏的解決方案，外力製造的卻是輸贏的局面，這必然的爭鬥現象指出：正確的解決方案還未找到，可能某團體所維護的利益侵犯了其他人，或被控者與受害者的權利起了衝突。創造高能量吸引子場域解決方案的方式是，找出一個讓雙方都高興且實用的答案。這樣的解決方案，需要具包容力的右腦與具批判性的左腦同時合作才能出現。

有項基本原則能解決社會的市場問題：**支持解決方案，而不是去打擊假設的肇因**。「打擊」本身就是個非常弱的吸引子模式（150），會造成恐懼、恐嚇、高壓強迫，終至道德淪喪。「黑街」將名副其實地出現，讓城市街頭變成犯罪叢林。

客觀的檢視指出，多數棘手的「社會問題」若不是因爲煽情所致，就是幼稚的道德化所致。這兩種立場所根據的都不是眞相，因此所有從中而生的方法都是弱的。謊言會讓我們變弱，從錯誤的立場來行動經常會導致外力的使用。外力是眞理的普遍替代品。槍枝與棍棒就是虛弱的證據，控制他人的需要來自於缺乏心靈力，如同虛榮來自缺乏自尊。懲罰是暴力的一種形式，也是一種無效的心靈力替代品。在我們的社會中，當懲罰不適合用在犯罪上時，就很難奏效。懲罰是報復導向的，報復的能量等級是極弱的150。

然而，若能支持人類的需要，就不需要付出什麼代價便能創造帶來平靜的解決方法，因爲要打擊人爲創造的「問題」，除了讓社會犯罪化之外，更是所費不貲。只有像孩子般幼稚的人，才會假設人類的行爲都能以非黑即白的觀點來解釋，並從那樣的立場處理問題。否定最基本的生物需求與本能的驅力是無用的，將正常的性欲出口堵起來，只是導致不正常的性欲出口出現而已。具有心靈力的解決方案，就是很符合現實地基於「接受」（350）這一等級的意識，而不是基於「譴責」（150，憤怒的等級）。在阿姆斯特丹，城市的某一區域傳統上會規畫「紅燈區」，那裡的環境安靜閒適，散發著鄉村氣息，而且十分安全。在布宜諾斯艾利斯，公園的一部分會規畫爲情侶區，警察會經常到這些區域巡邏，保護人民安全，而不是進行騷擾，因此這些地方都很平靜。

另一個例子表現在被指控爲掃毒不力的美國政府。同樣的，他們所犯的錯誤也是以道德眼光來看待問題，以外力出發，扮演懲罰者的角色。最初的關鍵錯誤是無法對「硬性毒品」與「軟性藥物」做出區別。硬性毒品（痲醉毒品）很容易上癮，而且還有嚴重的戒斷作用，因此一向讓人與犯罪聯想在一起；軟性藥物（娛樂性質）不會使人上癮，也不會有戒斷作用，因此通常最初都是由業餘愛好者經手。政府將軟性藥物犯罪化，創造出一種新的犯罪聯合組織，不但極爲富有而且具備跨國規模。街頭上少了便宜、相對無害的娛樂物質之後，便很快被硬性毒品所充斥，而原本平靜、無傷大雅的藥物文化，變成了非法、墮落的。

成功的解決方案必須遵循以下這一力量強大的原則：解決之道來自鼓勵正面特質，而非打擊負面特質。從酒癮復元不能藉著對抗酒醉而達成，只能藉著選擇清醒而達成。所謂「結束所有戰爭的一戰」是無法達到目的，也不可能達到目的的。戰爭（包括對抗「邪惡」「毒品」，或任何在傳統商業底下的黑市熱絡交易的人性需求的戰爭）只能藉著選擇和平獲得勝利。

第十二章

心靈力與體育活動

Power and Sports

眞正的運動心靈力是帶著優雅、敏感度，以及內在平靜的特質，甚至在最凶悍的競爭者中展現出非競爭性的溫柔。我們為冠軍歡慶，因為我們知道他已透過犧牲與遵守高尚的指導原則克服了個人的野心。當偉大的選手以身作則、立下典範時，便成爲傳奇。重點不是他們擁有什麼或做了什麼，而是他們選擇成爲什麼樣的人而啓發了全人類。

了解意識研究的理論之後，就擁有了一個能應用在人類任何活動上的脈絡。檢視體育活動會是極好的例證，因爲體育活動受到大量的關注，而且有大量的詳實紀錄。在歷史上，偉大的運動員備受尊崇，和科學界、藝術界或任何其他文化成就中的傑出人士一樣。體育界的傑出人物象徵著我們所有人臻至卓越境界的可能性——在冠軍的層次，他們代表的是一種大師級表現。

運動員身上到底有什麼東西，能讓群眾崇拜仰望、熱血沸騰，並報以如此激情的忠誠？首先，我們可能會認爲是驕傲，是對競爭與勝利的著迷，但是這些動機可能可以製造些許樂趣與興奮，卻不足以解釋人們對體育的卓越表現所生起的深刻尊崇與敬畏。群眾之所以受到鼓舞，是因爲他們直覺地認知到，要克服人類極限並臻至全新的超凡境界，必須付出非常人所能及的努力。

運動員也經常體驗到高層的意識狀態。許多文獻都記載，長跑者經常達到一種寧靜與喜悅的超凡狀態。事實上，爲達成最高境界的表現所要經歷的痛苦與極度疲憊，經常能透過意識的提升而獲得轉化。人們對這種現象經常有如下描述：將自己逼迫至一個極限點，然後忽然間障礙突破了，整個活動變得輕鬆自然，身體似乎也變得渾然天成，自由自在揮灑，彷彿被一股無形的力量推動著。隨著這種狀態來臨的喜悅，和獲得成功的興奮截然不同，那是一種與一切生靈合而爲一的寧靜喜悅。

值得注意的是，這種超越個人自我並臣服於生命本質或生命精神的現象，通常發生在剛剛超越運動員表面的能力極限點時。那看似眞實的障礙，是受到個人過去的成就或在理論上被認爲可能的表現所制約。歷史上「四分鐘跑完一哩」的故事就是很好的例子：在班尼斯特突破障礙之前，世人普遍接受「人類不可能跑得更快」的概念。班尼斯特的偉大不只是因爲他打破紀錄，而是打破固有的典範，創造出一個關於人類可能性的全新模型。這種人類潛能新層次的突破，在每一個領域都有類似事件，在許多不同的事業裡都會發生。那些臻至卓越的人們，對自己創造出非凡成就的情況都做出類似的解釋。

記述普世眞理的電影《碧海藍天》

我們曾針對許多描述體育成就的各種紀錄資料進行測定，包括電影。在所有關於體育研究的電影中，法國片《碧海藍天》獲得最高的測定值。這是個關於保持紀錄多年（直到十年後才被打破）的法國自由潛水家馬猶的故事。[①]這部電影的測定值是驚人的700（普世眞理），而且能帶領觀衆躍升至高層次的意識狀態——某間播映這部片子的戲院經理就曾描述，觀衆看完後安靜地、若有所思地漫步走出，或因莫名的喜悅而哭泣。

藉著運用慢動作攝影技巧，這部電影精確捕捉了世上最偉大的深海潛水家的意識提升狀態。處於高層次意識狀態時，經常會有像慢動作似的鮮明感受，並體驗到一種美與優雅，時間似乎靜止不動，即使外在世界依舊擾攘，內在仍然保持寧靜。

① 一九六六至一九八三年，馬猶贏得八次世界無限制自由潛水冠軍。

在電影裡我們可以看到，馬猶藉著強烈的專注而停留在這種意識狀態中，讓他幾乎持續保持在靜心的狀態。在這種狀態下，他超越了一般的人體極限，因為他能透過已然改變的生理狀態完成壯舉。潛得越深，他的心跳越慢，而且血流幾乎只集中在腦部（這種現象也發生在海豚身上）。他最好的朋友也是傑出的運動員，卻在一次想要效法馬猶壯舉時意外死亡，因為他當時尚未達到超越正常身體極限所需的意識等級。

這種輕鬆自然的福佑也會發生在其他類型的特殊身體表現上，例如聞名的蘇菲舞者[2]，即所謂「旋轉的苦行僧」。透過嚴格的紀律與令人筋疲力竭的不斷練習，他們能輕而易舉以驚人的精確度長時間在空間中移動。

發展至最高層次的武術清楚地指出，動機與原則在卓越的體育成就上占有絕對重要的位置。學員最常聽到的建議就是：「不要太用力。」這些武術學校所培養的高手，首要關心的是如何透過控制與訓練，以「高我」戰勝「低我」，致力於達成與眞實力量共鳴的目標。與這些強力吸引子模式共鳴、相應，並不限於練習這些項目的時候，而是一種生活方式。因此，當某原則的力量轉移至該修習者時，結果將會呈現在他生活的每一個面向。

眞正偉大的體育成就有一個標誌，就是謙虛（如游泳選手莫拉萊斯〔Pablo Morales〕在一九九二年獲得奧運金牌後所展現的風範）。這樣的運動員會表達出感謝、內在的敬畏，並覺知到自己的成就並非僅僅是個人努力的結果——個人努力的極致將他們帶往即將突破的那一個點上，接著，他們就被一個遠大於自己的力量所主宰。這樣的現象通常被描述爲以最純粹的形式發現自我的某些未知、未曾經歷過的面向。

心態影響運動員的肌力強弱

透過肌肉動力學，我們能夠證明：一個人若受到任何低於「勇氣」等級的能量場所驅動，他就會變弱。不單是體育領域，在人類成就的所有潛在領域中，讓人們墮落的最致命弱點就是**「驕傲」**。驕傲，測定値175，不但會使表現變差，也無法提供源於愛、榮譽、致力於更高原則（甚或是卓越）的驅策力量。如果我們請一位孔武有力的運動員在心中想著擊敗敵人、變成明星或賺大錢，我們會看到他變弱，也可以輕而易舉就將他那鍛鍊良好、肌肉發達的手臂往下壓。同樣一位運動員，如果心中想的是他的國家或這項運動本身的榮譽，或將表現獻給他摯愛的人，甚至只是爲了追求卓越而全力付出的單純喜悅，都能讓他變得很強壯，我們再怎麼用力也無法將他的手臂壓下。

於是，受到驕傲或貪婪的驅策，或只對擊敗對手感興趣的競爭者，從比賽鳴槍的那一剎那就已疲弱無力，也就無法盡最大努力來達成偉大的成就了。有時，我們會看見一位選手一開始因這種情況而表現不佳，但隨著比賽進行，他忘記了當初的自私目標，表現也因而漸入佳境。相反的情況也

②伊斯蘭教的神祕主義派系，「旋舞」是他們的一種靜心修行方式。

很常見，某位選手可能一開始表現良好，因為他是為了國家的榮譽、為了團隊，或只為這項運動本身而戰，但是當他離目標越來越近，個人的榮耀與戰勝對手的期待心情讓他失去了力量，因而走下坡、失誤連連。

有一種意識轉變的不幸情況是：選手在資格賽創下新紀錄，激發出新的個人野心，卻在決賽大爆冷門、被徹底擊垮，留下滿場錯愕的觀眾。如果優秀的選手全心相信他們的卓越表現並非個人成就，而是屬於全體人類的禮物，展現出人類的潛能，那麼他們就會變強壯並挺過整場賽事。

從某一方面來看，意識的等級尺度也可以視為小我的等級尺度，等級200就是自私開始轉變為無私的關鍵點。在崇高的奧林匹克競賽中，有一件與知名花式溜冰選手有關的醜聞，因其動機出於200以下的意識能量等級，而造成了於私於公都堪稱災難的結果。該選手因過度熱中於摘下奧運金牌並打敗對手（即使不擇手段），使她終於拋棄倫理原則的心靈力而墮落至外力的最下流層次。[3]再也很難有比這件事更生動鮮明的例子，來說明屈服於負面吸引子能量場如何讓一位原本前程似錦的優秀運動員迅速跌落至谷底。

追求卓越的高層動機開啓了通往優雅與心靈力的門窗，而以自我為中心的動機與個人利害得失的算計，卻如磁鐵般將人吸往外力的領域。獲得肯定的收穫（以象徵的獎牌形式呈現，或可能隨之而來的金錢報酬）與眞正體育上的偉大表現關係不大。眞正的偉大是從達成高度精神境界出發，那才是我們對冠軍的讚頌。即使競爭者不屈服於對名利的渴望，想要主宰該運動的驅策力，而非單純展現一個人最高能力的卓越境界，也會造成墮落與自我中心的效應——負面外力與「驕傲」等級有關。

有些驕傲的展現本身並沒有錯。每一個國家拿下冠軍盃或奧運獎盃時，可能都會感到很驕傲，但那是另外一種驕傲。那是一種超越個人驕傲、對人類成就的禮敬。我們禮敬那份努力，而非個人成就，個人的成就只是人心中某種更偉大、更普遍、更本質的東西的特殊機運與表達。奧運是人類努力最偉大的篇章之一，是虜獲每個人想像力的活動，提供了一個能夠抵消個人驕傲的脈絡。整個比賽環境鼓勵競爭者將個人驕傲昇華至表達無條件之愛的尊嚴，也能因對手同樣致力於此高尚原則而禮敬對方。

媒體總是喜歡激發運動賽事的消極面，並暗中傷害運動員，因爲名人身分總是有意無意誘發出自我主義心態。偉大的運動員必須做好心理準備，因應這種污染源。謙虛與感謝的心態似乎是唯一能有效保護自己免受媒體攻勢剝削的利器。學習傳統武術的運動員甚至會做一種特殊練習，讓自己克服自我主義的傾向。將自己的技能、表現，甚或整個運動生涯都奉獻於更高的指導原則，是唯一絕對的保護。

---

③ 此處指的是發生於一九九四年轟動一時的醜聞。當時美國花式溜冰選手唐亞·哈定（Tonya Harding）與其前夫等人涉嫌在美國錦標賽之前攻擊競爭對手南西·凱瑞根（Nancy Kerrigan），以阻撓她參加冬季奧運。

真正的運動心靈力是帶著優雅、敏感度，以及內在平靜的特質，甚至在最凶悍的競爭者中展現出非競爭性的溫柔。我們爲冠軍歡慶，因爲我們知道他已透過犧牲與遵守高尙的指導原則克服了個人的野心。當偉大的選手以身作則、立下典範時，便成爲傳奇。重點不是他們擁有什麼或做了什麼，而是他們選擇成爲什麼樣的人而啓發了全人類，那也是我們之所以禮敬他們的原因。我們應當努力保護他們的謙虛，不讓他們受到俗世中隨著讚美而來的剝削所傷害。我們必須教育大衆，告訴他們這些運動員的能力與卓越表現是給予全人類的禮物，我們必須尊重它，並保護它不受到媒體與商業文化的傷害。

奧林匹克精神就存在每一位男女的心中。偉大的運動員能透過自身的示範，喚醒所有人對心中最高指導原則的覺知。這些英雄、英雌與其發言人，擁有一個能對全人類產生重大影響的機會，可說有機會擔當所謂「一肩挑起整個世界」的重責大任。追求卓越並認識其價値是全人類的責任，因爲在任何領域追求卓越的過程，都能鼓舞我們朝向實現人類尙未實現的偉大潛能邁進。

第十三章

社會心靈力與人類精神
Social Power and the Human Spirit

要充分了解精神力量的本質，以及它如何產生並以社會運動的形式來運作，很適合研究當代一個擁有巨大心靈力與影響力的團體。該團體明確遵循人類的精神，卻又斷然稱自己為「非」宗教組織。那就是具有五十五年歷史，人稱「戒酒無名會」的團體。

當我們為眞正的運動員歡呼喝彩時，拍手叫好的是他們展現了**「精神」**（spirit）這個詞所代表的一切意義：勇氣、不屈不撓、無保留投入、遵循最高原則，以及卓越、榮譽、尊敬與謙卑的表現。**「鼓舞」**（to inspire）代表的即是**「以精神充滿之」**（filling with spirit），而**「喪志、沒精神」**（dispirited）代表了悶悶不樂、無望、被擊敗的。但是，**「精神」**這個字到底意味著什麼？人類經驗的全部集合，可用如「團隊精神」這個詞彙或敦促別人快「發揮某某精神」時的概念來理解。「精神」是個高度實用的元素，能夠決定一件事的成敗，軍隊指揮官、教練及執行長們最清楚這一點。凡是與某團體組織的核心精神格格不入的員工或成員，很快就會離開該團體。

所以很顯然，**「精神」**指的是一種看不見的元素，儘管其表達方式因情況而異，但它是不會變的。這個元素關乎生死，我們若失去「精神」就會死亡——我們因失去「賦予靈感之物」而「斷氣」（expire）。

就臨床上而言，我們可以說精神等同於生命，生命能量也可以被稱為**「精神」**。精神是伴隨生命能量的那一股活力，是生命能量的表現，並與生命能量深深共鳴。高能量吸引子模式具有同化作用，是維續生命的，而與之相反的是異化作用，最終將導致死亡。眞實的心靈力＝生命＝精神，而外力＝軟弱＝死亡。當一個人失去或缺乏我們稱為**「精神或靈性上」**的品質時，他就會變得缺乏人性、缺乏愛與自重，可能還會變得自私或有暴力傾向。當一個國家不再遵循人類應有的精神，就可能變成國際罪犯。

將精神或靈性與宗教劃上等號是十分常見的錯誤。先前我們曾探討過的〈美國憲法〉〈人權法案〉〈獨立宣言〉等文件，明明白白區分了靈性與宗教的不同。美國政府禁止建立任何宗教，以避免損害人民的自由，因而就在同樣的這些文件中，假設了政府的權力是源自於靈性原則。

事實上，世上偉大宗教的創始人若發現歷史上那些以他們之名所做的極端非靈性作為，可能會震驚不已——這許多行為甚至會讓所謂「不信教的異教徒」都感到不寒而慄。外力總是會為了一己的自私目的而扭曲眞理。隨著時間經過，那些作為宗教基礎的靈性原則已因權宜之計（如權力、金錢或其他世俗事務等）而遭到扭曲。靈性是包容的，而宗教通常不包容；前者通往和平，後者則通往鬥爭傾軋、流血及虔誠的犯罪行為。然而，深埋在每一個宗教深處的，仍然是它源頭之處的靈性基礎。正如每一個宗教，當整個文化賴以立基的原則變得模稜兩可，或被錯誤的詮釋所污染時，整個文化就會變得衰弱。

要充分了解精神力量的本質，以及它如何產生並以社會運動的形式來運作，很適合研究當代一個擁有巨大心靈力與影響力的團體（皆有公開紀錄為憑）。該團體明確遵循人類的精神，卻又斷然稱自己為「非」宗教組織。那就是具有五十五年歷史，人稱「戒酒無名會」的團體。[1]

---

① 根據官方資料，「戒酒無名會」成立於一九三五年，至二〇一一年應已有七十五年歷史，目前台灣亦有分會：http://www.aataiwan.org/home.html。

力量其大無比的療癒團體

我們都多少知道一些關於「戒酒無名會」的事，不只是因爲他們的會員多達數百萬人，也因爲其觸角廣泛深入現代社會的各個角落。據估計，戒酒無名會及其分會以各種方式影響了約莫半數當今美國人的生活。即使人們沒有直接接觸以「十二步驟」爲基礎的自助團體，但由於這些團體以身作則，不斷強化某些價值而間接影響了每一個人。現在，讓我們探討戒酒無名會的基本原則及其歷史沿革，並檢視這些原則對民間與會員的影響力。我們可以看看無名會到底是什麼，以及不是什麼，藉著這兩種觀點獲得些許了解。

根據戒酒無名會開宗明義的說法，它「不與任何教派、宗派、政治勢力、組織結盟」。此外，它「對外在事務不持任何意見」，不支持亦不反對其他任何戒酒療法。它不需繳納會費或規費，沒有儀式、制服、主管或法規。沒有資產、也沒有建物。不僅所有會員一律平等，所有的無名會也自給自足。即使是引導會員康復的「十二步驟計畫」也只是「建議」而已。避免使用任何強迫的作法，強調「一天一次」「輕鬆做」「重要的事先做」，以及最重要的「與萬物共生共榮」。

戒酒無名會尊重自由，讓每個人自由選擇。它特殊的心靈力模式是關於誠實、責任、謙虛、服務，以及修習包容、心存善意及手足情誼。無名會不贊同任何特定道德律，沒有任何是非對錯的條款，並避免道德批判。它不會控制任何人，包括會員，它的功能只是指出一條道路。無名會僅對會員說：「如果你做任何事都能遵循這些法則，你就能從這個重病或慢性致命疾病中康復，重拾健康與自尊，能夠爲自己也爲他人過一個充實、滿意的生活。」

戒酒無名會是第一個以這些原則的心靈力量來治癒無藥可救的疾病，並改變會員的毀滅性性格模式的典範。所有繼起的團體治療形式，都由此典範而來。由於人們發現團體正式聚在一起互相探討彼此共同的問題，力量其大無比，許多類似團體相繼出現：爲戒酒無名會會員的配偶所成立的「Al-Anon」；爲其子女所成立的「Alateen」；然後有「賭徒無名會」「尼古丁無名會」「父母無名會」「過度反應無名會」等。美國目前有多達三百個應用十二步驟療法自助的無名會團體，處理人類各式各樣的痛苦。也因爲這些過程，許多人現在面對自我毀滅行爲時，態度已從譴責轉變爲將這些狀況視爲可治癒的疾病。

從實際的觀點來看，這些自助團體對社會的巨大影響力如下：它們不僅減輕人們的痛苦、重建家庭，更節省了數以億計的金錢。曠職率、汽車保險費率、社會福利、健康醫療及刑罰制度等開銷，都因爲這個運動所造成的行爲改變而大幅降低。單是州政府爲數百萬人所提供的諮商服務與團體治療這筆開銷就很驚人。

這些團體的數百萬會員一致同意，承認個人小我的能力有限，讓他們得以體驗到眞實的心靈力量，而正是這股力量讓他們康復的——那是這地球上包括藥物、精神病學或任何現代科學支派都無法做到的。

投入靈性生活中自我療癒，進而幫助他人

從所有十二步驟療法團體的原型，即戒酒無名會的故事中，我們可觀察到一些重要的事實。在一九三〇年代，酗酒被視爲一種無藥可救、越陷越深的疾病，醫學與宗教對它完全束手無策（事實上，神職人員中的酗酒問題也十分嚴重）。每一種形式的藥物上癮都被認爲是沒救的，而且到達某個階段時，就乾脆將受害者擱置在一旁。

一九三〇年代初期，有位傑出的美國商人（即人們所知的羅蘭．H）到處尋找治療酒癮的方法，卻都無功而返。於是，他拜訪知名瑞士心理分析家榮格，希望獲得治療。榮格治療了羅蘭大約一年後，獲得了某種程度的清醒。羅蘭滿懷希望回到了美國……但強烈的酒癮卻再度發作。

羅蘭再度回到瑞士拜訪榮格。榮格很謙虛地告訴他，無論是他所學的科學或藝術，都無法再進一步幫助他了，但是在人類歷史上的某些罕見情況下，有時候會有一些人全心投入某些靈性組織，臣服於神的幫助而獲得康復。

羅蘭帶著氣餒的心情回到了美國，但接受了榮格的建議，在當時找到了一個稱爲「牛津團契」的組織。這些團體成員定期聚會，討論如何根據靈性法則過生活，與後來戒酒無名會所採用的方式很像。透過這些方法，羅蘭後來康復了，他的康復震驚了另一個名叫愛德恩．T或稱爲「愛比」的人，他也是一個試過各種戒酒方法都無效，焦急不已的酗酒者。羅蘭告訴愛比他康復的方法，愛比

照著做，也同樣重獲清醒的生活。這個口耳相傳的模式進而開始擴大，由愛比傳給了他的朋友比爾．W。比爾經常因無可救藥的酒癮而住院，屬於醫學上的重症。愛比告訴比爾，他的康復是來自爲他人服務、道德大掃除、保持無名、謙虛，並臣服於一個比自己更偉大的力量。

比爾是個無神論者，最起碼他對「臣服於一個更偉大的力量」這種想法一點興趣也沒有。整個有關「臣服」的概念對比爾的驕傲而言實在令人厭惡，於是，他掉進徹底絕望的黑洞裡。他對酒精在心理上上癮、在身體上過敏，這讓他被疾病、瘋狂與死亡深深糾纏，也預告了他與妻子露易絲未來的下場。最後，比爾徹底放棄了，就在這個時候，他體驗到深刻、無限的存有與光明，並感覺到無比平靜。那天晚上，他終於能夠入睡，次日醒來時，他覺得自己似乎被某種不知該如何形容的方式轉化了。

比爾的經驗帶來的效果被他的醫生斯克沃斯（Dr. William D. Silkworth）證實，當時他們所在的醫院是紐約西區的城市醫院。斯克沃斯醫生治療過一萬多名酗酒者，過程中也累積了相當的智慧，得以辨認出比爾經驗中的重大意義。他隨後向比爾介紹了傑出心理學家威廉．詹姆斯所寫的經典《宗教經驗之種種》。

比爾想要將他的經驗與人分享，如同他自己說：「我花了幾個月的時間，想要讓酗酒者變清醒，但都無法成功。」最後，他發現有必要說服那些身陷絕望的對象——以現代心理學詞彙來說，是克服他們的「否認」。比爾的第一個成功對象是包博醫生（Dr. Bob），一位來自俄亥俄州艾克隆的外科醫生，他後來對靈性生活十分投入，也成爲戒酒無名會的合夥創辦人。包博醫生於一九五六年過世之前，未再喝過一滴酒（比爾也是，他於一九七一年過世）。比爾在自己的特殊經驗裡所體驗到的巨大力量，自然而然地向外擴展，進而改變了數百萬人的生命。在《生活》雜誌所列出的一百位史上最偉大的美國人中，比爾因發起整個自助運動而獲得表揚。

看不見的力量成就了不可能的事

比爾的故事是人們成爲更高力量之管道的典型例子——他們在短暫職業生涯中所傳達的原則，將在往後很長的一段時間裡重新建構數百萬人的生命。舉例來說，耶穌基督只用了短短三年的時間教化民衆，但他的教化卻從此改變了整個西方世界；在西方歷史中，人們與這些教導的交會一直占據著核心位置，至今至少已有兩千年的時間。我們發現，獲得最高測定值的吸引子場域，必定與歷史上偉大靈性導師的教誨有關。

從偉大導師的原始教誨到目前組織化宗教形式的修習之間，其能量場的力量強度必定會減弱（見第二十三章）。然而原始的原則本身，將依然維持其內在的力量模式，變弱的只是呈現方式。教誨本身依舊如昔，擁有深遠而廣大的心靈力量。

一個原則的力量是歷久不衰的。無論我們是否完全了解，這些原則都是人類努力的理想。在我們努力讓自己更好的過程中，我們學會了對那些仍困在內在衝突之中的人心存慈悲，而從這裡又生起了對整個人類處境的智慧洞察與慈悲心。

如果參見高等理論物理學的原則，以及我們的吸引子研究結果，會發現一個很明顯的事實，就是在這萬物皆相互連結的宇宙中，看不見的力量會爲我們成就自己辦不到的事情。如同先前討論過的，我們看不見電、看不見X光或無線電波，卻能藉由它們所造成的效果而了解其內在的力量。因此我們也能不斷觀察思想與感覺的力量所造成的效果，即便到目前爲止，測量一個念頭仍是一件不可能的事。

在討論強力吸引子場域時，我們經常只能藉由象徵一途來指涉。從物質觀點來看，國旗只不過是染上花樣的一塊布料，人類卻甘願爲此所象徵的意義犧牲生命。正如先前提到的，「賦能」來自意義。對我們意義最重大的東西，是從精神世界生起的，而非物質世界。

到目前爲止，我們已看過遵循強力吸引子能量場相關的原則，能爲你帶來奧運等級的成就、商業上的成功、在政治上獲得國際性的勝利，並從絕望、惡化的疾病中康復。但是，這些吸引子模式同樣也能創造出史上最棒的音樂，它們是世界上偉大的宗教教化、偉大的藝術與建築的基礎，以及所有創意與天才的泉源。

第十四章

藝術心靈力

Power in the Arts

優雅的力量模式肯定並支持生命，也尊敬並維護他人的尊嚴。偉大的藝術家對他們的力量心存感激，不管表現形式為何，他們知道這是一份利益全人類的禮物。

歷史上偉大的藝術、音樂、建築等作品，是強力吸引子模式效力歷久不衰的代表。這些作品反映出人類文明裡的偉大藝術家在追求完美、優雅，從而臻至人類最崇高境界時所付出的心力。

藝術作品，一向是人類在世俗領域中追求最高精神境界的舞台。遠至古希臘雕刻家菲迪亞斯的時代開始，就一直扮演著在物質媒介中實現人類潛能與理想的角色。藝術是人類精神的精華表現，不但擁有具體形式，而且所有人都能夠親近。

偉大的藝術不僅從人類經驗中，也從我們居住的這個世界帶出了秩序本質——這就是我們稱為「美」的東西。如同理論物理學家一樣，藝術家在表面的混沌中發現了秩序。例如，米開朗基羅在無意義的大理石堆中看見了〈大衛〉和〈聖殤〉，用他的鑿子移除了周圍的石頭，釋放出那些完美的意象。當他在西斯汀教堂面對無意義的灰泥牆、隨意沉思雕刻圖形時，他透過藝術的「靈感」構思了一個美妙的ABC，而後透過藝術技巧實現了A→B→C，最後成為我們今天所熟悉的〈最後的審判〉。

藝術贈予人類的遺產也是屬於內在的：在觀賞實體的美之際，對美好之物的敏感度便深植於我們內心，讓我們能夠在表面失序的混亂存在中去發現並創造自己的美感經驗。

檢測藝術贗品絕不失誤的方法

藝術與愛，是人類給予自己的最棒禮物，如果沒有愛，就不會有藝術。藝術永遠是靈魂的產物、融入人類手工的精湛工藝，可說是心與靈的物質體現——從石器時代開始便如此，以後也永遠如此。因此，我們發現以電腦製作的藝術作品，甚至很傑出的攝影作品，都無法獲得和原始畫作一樣高的測定值。以下是每個人都可以試試的有趣肌肉動力學實驗：測試一個正在觀賞某原始畫作的人的強弱反應，再測試他觀賞機械製造的複製品時的強弱反應，並比較兩者的不同。當一個人看著某件手工製品時，會測試爲強；看著它的複製品時，則測試爲弱。這個現象無論畫作內容爲何都成立——以受測者的強弱反應來說，令人不安的原始畫作強過一幅令人舒服的複製畫作。專注的藝術家將愛投注在作品中，而人類的手工與原創性兩者，都擁有強大的力量。也因此，肌肉動力學替檢測藝術贗品提供了一個絕不失誤的方法。

藝術：一份利益全人類的禮物

榮格曾不斷強調藝術與人類尊嚴的關聯，以及人類精神在藝術裡的重要性。榮格（及其工作）是歷史上所有知名心理分析學家中獲得最高測定值的人。（其他人之中，有許多人的吸引子模式遵循的是物質決定論，獲得的分數便低了許多。）

在某些層面上，音樂是最精微的藝術，因爲它最不具體。然而，它繞過左腦的理性直接訴諸潛意識的右腦模式，所以也同時是最發自肺腑、最情感澎湃的。此外，音樂本身也是說明吸引子模式如何讓現實呈現出秩序最簡單的例子：如果你希望能了解混沌與意義的差別，進而獲得對「藝術」

的有效定義，只要想想噪音與音樂的差別即可。在關於創作過程的敘述裡，當代的愛沙尼亞作曲家阿爾沃．帕爾特（Arvo Pärt）的作品經常被形容爲「超凡的」或「神祕的」，針對藝術天才在開展吸引子模式上所扮演的角色這方面，他可說是我們觀察所見的代表性人物：

作曲前，我必須花很長的時間將自己準備好。有時候需要五年……在我的生命、我的音樂、我的工作、我的黑暗時光中，我有一種感覺，覺得在這唯一的東西之外的每一樣東西都沒有意義。那複雜多面的東西只是徒增我的困惑罷了，我必須找尋統一性。那是什麼，這唯一的東西？我該如何找到它？它的蹤跡以許多僞裝的樣貌出現，所有不重要的東西紛紛褪去……我單獨處於這份寧靜之中。我發現，只要一個音符被演奏出，就已經足夠……這就是我的目標。時間與永恆是相互連結的。這一個瞬間與永恆就在我們內在爭鬥著。

在所有藝術形式裡，音樂是能以最快速度讓我們熱淚盈眶、讓我們雀躍不已，或啓發我們發揮最大的愛與創造力的形式。我們已注意到，長壽似乎是與古典音樂的吸引子能量場相關的必然結果，無論是擔任演奏者、指揮家或作曲家皆然。古典音樂經常呈現出極高的內在力量模式。

但在所有的藝術形式中，建築最具有實質性，也對人類生活影響最大。我們在建築物中居住、購物、上班、享受娛樂，因此它的結構形式應當受到最多矚目，因爲它的影響力造就了人類繁多活動的背景。

在世界所有建築物中，大教堂特別能引發人們的敬畏之情，其能量模式所獲得的測定值是所有建築形式中最高的。這似乎有若干原因。我們對大教堂的經驗來自數種藝術形式的結合，例如音樂、雕刻或繪畫，還有空間開闊的設計。此外，這些大型建築是爲神性而造的，而凡是以造物主之名所創造之物，便與最高的吸引子能量模式共鳴。大教堂所發揮的功能不僅是啓發我們，還有結合、教導、象徵，以及滿足人類最高貴的精神需求等作用。

不過，建築之美不在於造價昂貴或規模宏大。分布於愛爾蘭鄉間的小茅屋，便是極富魅力的建築景觀，這些小屋可說是一座比一座還要有趣、古怪，而且獨樹一幟。無論是傳統、簡單的居家建築，或是金碧輝煌的高貴建築，內在的美感鑒賞力都平等待之。

精心構思的公共建築透過形式與實用性結合之美，傳達出歷史的眞實性。俄國的地鐵車站及加拿大許多新穎的高級百貨公司大樓，都是功能與美感巧妙結合的建築。較古老的文化似乎總是能了解美的實用性——缺乏美感的設計總是很快凋零。一個充斥醜陋建築物的社區，也會成爲頹廢與暴力的一環。低級庸俗、缺乏人性的都市貧民區住屋環境，其虛弱的模式將造成污穢、高犯罪率的現象。但是我們應記住，貧民區的窮困貧乏可以被當作墮落的藉口，也可以是奮發向上、掙脫困境的動力，端看一個人所共鳴的吸引子模式爲何而定（畢竟，決定一個人被擊敗或獲勝的因素，不是身處哪一種環境的事實，而是他對環境抱持什麼樣的態度）。

優雅，是美感心靈力的表現，而無論是線條、風格或表達之美，其心靈力也總是伴隨著風度而展現。我們認爲優雅與高尙、精巧、輕鬆自然有關。我們對奧林匹克運動員的優雅風度發出讚歎，如同我們見到歌德式拱頂建築時，也感受到了精神境界的提升。優雅的力量模式肯定並支持生命，它也尊敬並維護他人的尊嚴。除此之外，優雅也是無條件之愛的一個面向。優雅也代表著慷慨——不只是物質上的慷慨，也包括精神上的慷慨，例如願意表達感謝或肯定他人在我們生命中的重要性。優雅與節制、謙虛有關，因爲心靈力不需誇耀自己。外力總是要炫耀，因爲它來自於自我懷疑。偉大的藝術家對他們的力量心存感激，不管它的表現形式爲何，因爲他們知道這是一份利益全人類的禮物。

美，透過如此多樣化的方式呈現，表現在完全相異的文化中，也表現在漫長時間的不同階段裡，因此我們有很好的理由可以說：它存在觀者的眼中。然而，我們應了解，會改變的只是美的「表現媒介」——美的「本質」是不會改變的，只有它被感知到的形式會改變。有趣的是，那些處於高等級意識的人，能夠在一切的形式裡看見美。對他們而言，不僅一切生命皆神聖，一切形式也皆美。

第十五章

天才與創造心靈力

Genius and the Power of Creativity

天才其實存在於我們每個人的內在。在宇宙中，沒有「運氣」或「意外」這回事，不僅萬物皆互有關聯，也沒有人被這個宇宙排除在外意識，如同物質性，也是一種普世通行的品質。由於天才是意識的一種特質，因此天才也是普世性的。它遵循著「凡是普世的皆爲每一個人開放」這個原則。

人類的歷史就是一份紀錄，記載著人們想要了解對天才而言顯而易見的眞理。「天才」的定義是一種意識風格，一種擁有獲取高能量吸引子模式能力的意識。它不是一種人格特質，也不是一個人「擁有」或「是」的東西。天才的普遍特徵是謙虛。畢竟，那些被我們視爲天才的人經常拒絕承認他們的天才，他們總是將自己的洞見歸功於來自更高層次的影響。

要開啓天賦才能，最普遍的過程是先擬定一個問題，然後等待一段不確定的時間，讓意識去處理這個問題——直到突然間，答案突然靈光乍現，而且通常都是以非語言的形式出現。例如，歷史上的偉大音樂家經常說，他們並未對音樂加以計畫，只是把自己腦海中聽到的旋律寫下來罷了。有機化學之父凱庫勒（F. A. Kekulé）在夢中看見了奠定他的「環論」基礎的分子結構。另外，在一個靈光乍現的片刻，愛因斯坦突然有了一個革命性的洞見，隨後他花了好幾年才將這個洞見轉換爲可證明的數學公式。確實，天才的問題之一就是如何將個人的感知與了解轉化爲他人也能夠了解的可見形式。這個靈感對那個接收的人來說通常已是完整的、毋須解釋的，但要讓他人也能有如此的感受，卻可能需要花上一輩子的時間。

因此，天才似乎是從瞬間的靈感開始的，而非經由概念化的過程，但是，「確實」有一個看不見的過程在作用著：儘管天才的頭腦可能似乎被問題所纏繞、困擾，但它眞正在做的事其實是爲適當的能量場做準備。如同禪宗的公案，推理性的苦思終究會將人引導至一個理性的僵局，從那裡要再往前一步的唯一辦法，就是從較低的吸引子能量場跳躍至較高的能量場。

吸引子能量模式有其「諧波」，就如同音樂的和聲。諧波的頻率越高，力量越大。天才所達到的位置就是一個新的諧波。人類意識的每一步進展都是從較低的吸引子模式跳躍至它的較高諧波而來。提出一個原創問題啓動了一個吸引子，而答案就存在它的諧波之中。這就是爲什麼人們說問題與答案其實只是一個錢幣的正反兩面，除非答案已經存在，否則一個人不可能提出該問題——因爲沒有一個能讓問題形成的模式。

天才存在我們每個人的內在

獲得肯定的天才或許很稀少，但天才其實存在於我們每個人的內在。在宇宙中沒有「運氣」或「意外」這回事，不僅萬物皆互有關聯，也沒有人被這個宇宙排除在外——我們**全部**都是會員！意識，如同物質性，也是一種普世通行的品質。由於天才是意識的一種特質，因此天才也是普世性的。它遵循著「凡是普世的皆爲每一個人開放」這個原則。

創造力與天才的過程是人類意識固有的。正如每個人的內在都具有相同的意識本質——它只是在等待適當的時機出現，好展現自己。我們每一個人一生中都有過靈光乍現的刹那，或許這些時刻只有自己或身邊親近的人知道。我們突然做出了一個聰明絕頂的動作或決定，或剛好在最佳的時間點說出了最正確的話，卻不知道自己如何辦到的。有時候，我們或許還會想要爲那些巧合的事件恭喜自己，但事實上，我們眞的不知道它們是從哪裡來的。

天才的展現經常透過感知的改變而來——對脈絡或典範的修改。頭腦正爲了一個無法解決的問題苦惱不已，它拋出了一個問題，然後保持敞開準備接受答案。這個答案的源頭有許多不同的名字，依文化與時代背景而異。在西方文明的藝術領域中，它傳統上被認定爲希臘的靈感女神，稱爲「繆思」。那些對自己所接收的靈感心存謙虛與感激的人，通常能持續保有獲取靈感的能力；而那些將這些靈感歸功於自己小我的人，很快便會失去這份能力，或被自己的成就毀滅。高等力量就像高壓電一般，必須以尊重的態度來面對。

天才與創造力，被主觀經驗稱爲「觀照」，它是一種繞過個人自我或小我的現象。施展天才的能力可以經由學習獲得（但通常必須經過一段痛苦的臣服過程），在經歷一番苦思與掙扎仍一無所獲、無法解決問題之際，天才的鳳凰會從絕望的灰燼中一躍而起。打擊之中，淬煉出勝利；失敗之中，淬煉出成功；而在虛懷若谷之中，將生起眞正的自尊。

要試圖了解天才，最大的問題就是一個人必須近乎天才，才能夠認出他。這世界經常無法完全認出天才，這社會經常在稱讚其工作成果時，沒有注意到其創造時的內在天才。除非一個人能認出自身本有的天才，否則要認出他人的天才將是一件很困難的事——我們只能認得內在領悟到的東西。舉例而言，戈巴契夫曾是全球關注的焦點，但同時，這世界從未眞正認出他的天才：他憑著一己之力，在短短幾年之內顚覆了地球上的最大帝國之一，而他唯一的力量來源就是他的靈感與願景（如果共產政權能夠立基於心靈力，就沒有人能推翻它。因爲它立基於外力，便注定要在一個與心靈力共鳴的領袖帶領下走到盡頭）。

人類尚待開發的龐大資源

天才是我們社會尚未開發的最龐大資源之一。它既不是個人的，也不是特定的——天才的人常常擁有不同領域的才藝，而他們可能也能對各式各樣的問題提供答案。不過，我們的社會因爲不懂得如何灌溉它的天才而蒙受了重大損失，事實上，社會對天才的態度不是漠不關心就是充滿敵意。這是很不幸的，因爲支持他們通常不用付出太大的代價。被我們稱爲**「天才」**的人生活方式通常很簡單，也通常對金錢或名望不感興趣。天才的特徵是珍惜資源並奉行誠信經濟，因爲天才珍視生命，而且看見生命一切表現的內在價值。由於資源與時間都是十分珍貴的，若做得超出所需便是浪費，因此，天才經常非常安靜地度日，且通常都是有必須支持的目標時才會勉強現身。

由於天才與無窮的供應來源保持聯繫，因此他們的欲望極低（如此的單純似乎是一般眞正成功者的共同特色）——因爲當你已經「擁有」的時候，就不需要去「獲取」了。他的非物質取向表面上似乎是天眞爛漫的現象，代表對宇宙本質的根本了解：了解凡支持生命者即受到生命的支持，於是生存變得輕鬆不費力，給予和接受是同樣一件事。

天才最惡名昭彰的一件事就是被形容爲離經叛道或行爲古怪。這些人由於與高能量吸引子共鳴，因此確實對生命擁有不同的觀點，因此，事情的重要性對他們而言便和一般人不同。天才經常受到洞見的啓發而進行我們無法理解的高強度活動。

天才不是明星——獲得卓越聲望的人是占極少比例的少數族群，仍然有衆多的天才並未獲得那樣的地位。其中有許多看起來一點也不突出，而且可能其實從未接受過正規的高等教育。這類天才的特徵是有能力徹底運用他們擁有的經驗，藉由必要的奉獻對經驗做出最大利用，以臻至高層次的大師境界。許多多產的天才都是直到過世許多年之後才被認出的。事實上，這份天賦的才能（或說是詛咒）常常會在這種人的一生中帶來不幸的結果。

天才的特徵之一就是他們從事高強度活動的能力，而這通常會以循環的方式呈現。也就是說，天才的性格有時候似乎是兩種極端的結合：靈感來臨時，他可能會趁記憶仍鮮明的時候一天工作二十個小時，以徹底了解一個解決方案。這些高強度活動的時段，經常會穿插著明顯停滯的間隔時間，而這些停滯的時間其實是發酵時間，是創造過程中的必要部分。天才了解，必須騰出空間讓想法結晶，讓創造力在適當的內在環境裡（而非外在環境裡）出現。這個環境經常是在注意力完全分散的情況下形成的——我們都聽過一些人說過類似的故事，說他們在高速公路上塞車時，突然獲得了一個複雜問題的答案。

有這麼多人無法認出並運用自己的天才的主要原因，是一般大衆一向把天才和高ＩＱ（智商）混爲一談。這是個重大的誤解，人們會這麼想是因爲有許多在數學或物理領域的知名天才確實擁有高ＩＱ，但是，在那些領域，擁有能夠理解該學科內容的ＩＱ其實是個先決條件。較有益的方式是，將天才單純視爲在人類活動的特定領域中擁有格外傑出的高層次洞見。畢竟，在各式各樣領域中，有許許多多非智識型的天才——例如藝術、音樂、設計，以及發明等——這些人充滿創意的才華是落在特定的範圍之內。

記得，ＩＱ測量的只是以邏輯方式理解符號與文字的學術性能力。從我們的研究來看，和任何其他因素比起來，當一個人的目標和價值與高能量吸引子產生共鳴時，與天才最密切相關。要更正確地識別天才，可以從他們的毅力、勇氣、專注力、巨大的驅力，以及絕對的正直著眼——光有才華當然是不夠的。專心致志到一個不尋常的程度，是達到大師境界的必要條件。以最簡單的定義而言，我們可以說，天才就是能夠讓自己的使命臻至非凡大師境界的能力。所有知名或不知名的天才共同遵循的公式就是：**做你最喜歡做的事，並將它發揮到你能力的極致**。

第十六章

成功後的提升

Surviving Success

我們被提升或被毀滅，並不是取決於成功這件事本身，而是成功如何融入我們的性格中。我們是驕傲還是謙虛、是自我中心還是心存感謝、是因自己的天才而覺得高人一等，還是視天才爲禮物而心懷感激——這些才是決定的因素。

許多天才被發掘而成名後，走向了的衰敗沒落的悲劇命運，這說明了有「所謂的成功」，也有「眞正的成功」。前者通常危害生命，後者則提升生命。眞正的成功會讓你的精神更加生氣蓬勃、獲得更大的支持，它與單一成就無關，而是成就爲一個完整的人，過一個不止造福個人，也造福周遭每一個人的生活。眞正成功者的生活會因他們的成就而更具力量。

和眞正的成功相反的是八卦小報所謂的「成功」，它常常侵蝕「成功人士」的健康與人際關係——名人與富豪精神崩潰的案例時有所聞。這種成功徒有名氣，而名氣的破壞力我們每天都可以在報上看到：名人們的生活常籠罩著失敗婚姻、各種上癮症、酗酒、自殺或其他意外死亡的陰影。如果我們把所有曾遭遇以上不幸而使事業深受打擊的名人們列出來，應該可以寫滿好幾百頁吧——包括電影明星、流行歌手、作家……等等，名單永遠寫不完。除了這些令人聲名狼藉的代價之外，也有無數「成功」人士的生活被毒品或性格上的扭曲毀滅——原本親切正派的好人也可能變得虛榮、殘忍、自私自大，而且自我放縱。

問題不是這些人獲得太多的財富、名氣或注意力，而是這些外來的影響扭曲了他們的自我，進而強化了所謂的「小我」，而非「大我」。小我是我們內在容易被恭維所傷害的部分，而大我是我們較爲進化的本質，它很謙虛，而且對成功心存感激。小我和虛弱的吸引子模式起共鳴，大我則是與高能量吸引子場域互相共鳴。

我們被提升或被毀滅，並不是取決於成功這件事本身，而是成功如何融入我們的性格中。我們是驕傲還是謙虛、是自我中心還是心存感謝、是因自己的天才而覺得高人一等，還是視天才為禮物而心懷感激——這些才是決定的因素。我們都知道有一些人只嘗到一點點的成功就開始腐敗——嘗到了一小口權力的滋味就變得自大、頤指氣使、喜歡操控；我們也知道有一些人的權力大得多，卻很誠懇、體貼、關心他人。

當我們接觸這世上的某些顯要人物，例如產業領袖、銀行總裁、諾貝爾獎得主及傳奇家族的成員時，會驚訝地發現有許多人都是心胸開放、溫暖而眞誠的，而且把成功視爲一種責任或「位高者的應盡義務」。這些就是眞正的成功人士——無論是與有權有勢的人或傭人會面，他們都一樣值得我們注意，他們彬彬有禮、對所有人都很體貼，**平等對待每一個人**。眞正成功的人不會愛現，因爲他們並不認爲自己比他人優越，只是比他人幸運罷了。他們將自己的身分視爲「服務員」，一份運用自身的影響力爲所有人謀福利的責任。

成功階梯三步驟

讓眞正成功的人如此優雅、開放、樂意付出的因素，可以用以下的因果關係程式來解釋：

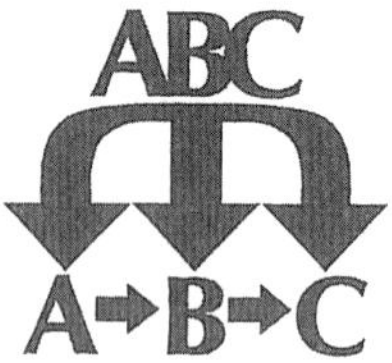

眞正成功的人與ＡＢＣ認同。他們明白自己只是一個管道，被用來創造外在世界的成功。如同他們不與成功認同一般，他們也不會害怕失去它，因爲他們有充分的自信，知道他們成功的來源仍「在此處」。然而，一個從Ａ→Ｂ→Ｃ這個領域來看待成功的人，永遠會沒有安全感，因爲他的成功來源「在別處」。因爲相信力量的來源存在自身之外，他變得沒有力量、容易受傷，也因此變得處處防衛、充滿占有欲。眞正的成功是由內而生的，與外在環境無關。

成功的階梯似乎有三個主要的步驟：（一）一開始，重要的是一個人「擁有」的東西——也就是依賴物質財富等可見標誌所代表的地位；（二）當一個人繼續進步，地位便由一個人的「作爲」而來，而非一個人擁有物——在這個層次的階梯，一個人的地位與活動爲他帶來重要的社會地位，但是當一個人逐漸臻至大師級境界與成熟度時，社會角色便失去了它的吸引力光環，因爲那代表的是一個人所成就的事才是重要的；（三）最後，一個人在乎的只有生命經驗讓他成爲了什麼樣的人——這種人的「存在」便極富魅力，那是他們內在力量之光輝的外在顯現。與他們在一起，我們就能夠感受到他們所共鳴、反映的強大吸引子能量模式。成功，是一個人的生命與強大能量模式產生共鳴後的自然結果。

為什麼眞正的成功相對上是如此不費力？我們可以將它比喻為一個流經電線的電流所創造的磁場：電流越強大，產生的磁場也就越強大——然後該磁場就能影響它所在之處的每一樣東西。位於頂峰的人十分稀少，平庸者的世界競爭激烈，而金字塔底端人滿為患。魅力無邊的贏家是人們想要尋找的，輸家必須努力使自己被人們所接受。那些對人心存慈愛、和善，而且體貼的人會擁有數不清的朋友，生命任何一個領域的成就都會反射回到那些與成功模式共鳴的人身上，而能夠分辨成功的強力模式與導致失敗的虛弱模式的能力，現在每一個人都已唾手可得。

第十七章

身體健康與心靈力

Physical Health and Power

所有的壓力都是根據一個人的內在態度於內在形成的。不是生命中的事件，而是你對事件的反應，引發了壓力的症狀。如同離婚可能引起痛苦，也可能造成解脫。而工作上的挑戰可以是一種激勵，也可以引起焦慮，端看你將上司視爲老師或怪胎而定。

我們藉著擁有智慧而變得健康，也變得富有，但什麼是智慧？根據我們的研究，那是與強大吸引子模式共鳴的結果——儘管我們在一般人的生活中經常發現的是混合的能量場，但擁有最強大力量的模式將占有主導位置。現在，我們已探索了足夠的資料，能夠進一步介紹非線性動力學與吸引子研究的最基本格言：**吸引子創造脈絡**。精確來說，這意味著一個人從自身遵循的原則而生起的動機，將決定一個人的了解能力，並進而賦予他的行爲意義。

與原則共鳴的效力，在生理上造成的結果十分驚人。生氣蓬勃的健康狀態是與高能量吸引子模式共鳴的產物，與虛弱的模式共鳴則引發疾病。這個同時出現的現象十分特定、可以預期，而且可以透過符合科學標準的百分之百可複製的方法獲得證實——這個事實到現在爲止我們已經很熟悉了。

人類的中樞神經系統顯然有一個極度敏感的機制，能夠辨別**支持生命**與**破壞生命**的模式。讓身體變強的強大吸引子能量模式會讓大腦釋放腦內啡，對人體的所有器官都有滋養作用。有害的刺激物則會使人體釋放出腎上腺素，腎上腺素會抑制免疫能力並視刺激物的不同本質而定，造成某些器官的虛弱甚至衰竭。

此一臨床現象成爲整脊、針灸、反射區療法，以及其他諸如此類療法的根據。然而，這些療法通常是設計來矯正能量失衡的「結果」，而除非人們改變「導致」這種能量失衡的基本態度，否則疾病經常會再度復發。數百萬個自助團體的成員已經證明，從各式各樣的行爲問題與疾病中康復，是採取和高能量吸引子模式（也就是靈性的模式）共鳴的態度之後的結果。

一般而言，身體與心理的健全是正面態度的跟班，因爲身體與心理健康不佳，與負面態度如怨恨、嫉妒、敵意、自憐、恐懼、焦慮等類似情緒有關。在心理分析的領域裡，正面態度稱爲「福利情緒」，而負面情緒則被稱爲「緊急情緒」。長期沉浸在緊急情緒中將導致健康狀況不佳並大幅削弱個人的心靈力。

康復或惡化，態度是關鍵

那麼，要如何克服負面態度，以避免個人力量與健康的惡化？根據臨床上的觀察，病人必須做出決定：一個誠心誠意想要改變的決定，將使他得以找到高吸引子能量模式所展現的各種面貌。例如，一個人無法藉由憤世嫉俗的態度克服悲觀，我們常聽見的「什麼樣的人交什麼樣的朋友」這種說法，的確有臨床上的根據。吸引子模式傾向於主導其他場域，因此，一個人所要做的只是將自己「曝露」在高能量場域之中，內在態度就會自然而然開始改變。這是自助團體中一個廣爲人知的現象，很貼切地表現在以下這句話裡：「只要把那個人帶來聚會就行了。」如果你將自己曝露在高能量模式的影響範圍裡，它們就會開始「擦拭」，或者，如同他們總愛這麼說：「你會被滲透而改變。」

傳統的醫藥一般認爲，壓力是人類身心失調、患病的根源。這種診斷的問題是，它沒有正確解釋壓力的「來源」問題。它似乎只怪罪外在環境，而不曾眞正了解到，**所有的壓力都是根據一個人**

的內在態度於內在形成的。我必須再次強調，不是生命中的事件，而是你對事件的反應，引發了壓力的症狀。如同我們先前討論過的，離婚可能引起痛苦，也可能造成解脫。而工作上的挑戰可以是一種激勵，也可以引起焦慮，端看你將上司視爲老師或怪胎而定。

我們的態度是從我們的立場或位置生出的，而我們如何定位又與動機和脈絡有關。根據我們一般對事件意義的不同詮釋方式，同樣的情況可以是悲劇，也可以是喜劇。以生理學角度而言，在選擇抱持何種態度時，一個人可以在同化作用的腦內啡和異化作用的腎上腺素兩者之間做出選擇。

營養的心靈力

若說影響我們健康的唯一因素就是來自內在的因素，那就太愚蠢了，因爲物質世界中的客觀因素也能增強和減弱我們的力量。在這個例子上，肌肉動力學測試亦能夠發揮其價值。它能清楚顯示合成、塑膠和人造的色素、防腐劑、殺蟲劑及人工甘味劑等（這裡只舉出少數例子）讓身體變弱；而純淨、有機或手工的東西傾向於讓身體變強。舉例來說，如果我們拿維他命C做測試，我們會發現，有機的會比化學合成的要優越許多——一種讓你變強，一種則否。同樣的，自由放養、食用有機飼料的雞群產下的雞蛋，也比食用化學飼料、養在籠內的雞產下的蛋，帶有更多力量。人們一直以來所提倡的健康食品運動似乎是正確的。

不幸的是，無論是美國醫療協會或美國食品與營養委員會，都不曾在營養方面獲得啓發。科學界現在終於承認，營養與行爲和健康有關，但是二十年前，當《正分子精神醫學》一書表示營養會影響大腦與血流的化學環境，進而造成各種行爲、情緒及心理失調時，卻引發了不小的爭議。

有一系列持續二十年之久的研究報告指出，攝取某些維他命能預防一種名爲「遲發性運動障礙」的神經失調疾病，這種病好發於長期服用鎮靜劑的病人身上，而且經常不可逆轉。有個以六萬一千名病人爲對象的研究，病人二十年期間共接受一百名醫師的診治，結果顯示，攝取維他命B3、C、E以及B6的人，預期的嚴重神經失調機率從二五％降低至〇．四％（在接受高劑量維他命治療的六萬一千名病人中，只有三十七名（而非預計的將近兩萬名病患）出現這種疾病）。

這份報告在美國受到嚴重忽視，因爲沒有任何脈絡賦予其可信度。醫療專業對營養根本沒興趣，而醫療體系傳統上對革新者也不怎麼友善。無視強力的反對證據而堅決捍衛自己固守的立場，只是人性的一部分，記住這個事實會有所幫助。面對這種無法獲得肯定的唯一健康心態，就是「接受」。一旦我們眞正了解人類的處境，過去可能會在心裡譴責的事件，現在也能轉而以慈悲心來面對了。慈悲是能量最高的吸引子模式之一。我們將會看到，了解、原諒及接受的能力與個人健康有直接的關係。

第十八章

健康與疾病過程

Wellness and the Disease Process

個人思想與態度的隱形小宇宙，將因身體對它所產生的習慣性反應而變成可見的具體症狀。如果我們想想那不斷流經頭腦的數百萬個思想，那麼，當身體狀況出現急遽的改變，以反映主要思想模式時，就不會感到太意外。因爲刺激物的「持續」與重複，才能透過「初始情況敏感依賴」法則形成可見的疾病過程。但啓動這過程的刺激物，本身可能會因爲太過微小而逃過了偵測。

長久以來，人們透過普遍的觀察得知，某些特定疾病與特定的情緒和態度有關。例如中世紀的「憂鬱」概念，就認爲肝臟受損與沮喪有關。現今，許多身體上的失調已明確認定與情緒壓力有關。

情緒確實會對生理造成影響，有許多文獻可引以爲證。在心理分析發展的早期，辨識特定疾病對應何種特定心理衝突的研究，促使人們開始關注身心失調的研究領域。我們都聽過「A型」性格與心臟病的關聯，還有壓抑的憤怒如何引起高血壓與中風。許久以來，人們的假設是，透過控制不同器官的大腦各區域內神經傳導素的變化，情緒也會影響荷爾蒙的變化。在近幾年的研究中，對愛滋病傳播的關注促使研究人員開始研究人體免疫系統。一般而言，壓力似乎會導致胸腺功能受抑制，而使身體的防衛系統受損。但是，針對這個主題所做的各式各樣研究，都不曾檢視信念系統與態度之間的關係，以及決定個人經驗本質的感知脈絡。壓力源自人們傾向於用特定的性格模式來回應刺激。從我們對非線性動力學與吸引子研究的已知知識來看（這部分已透過肌肉動力學和針灸獲得臨床證實），我們可以得出一個描述疾病過程本質的公式。

心與身的聯繫是即刻的

概念或若干相關思想在意識中會以態度呈現，而且經久不衰，該態度又與一個與其強弱對應的吸引子能量場有關。最後呈現的結果就是對世界的特定感受與看法，而適當的事件又被創造來引發特定的情緒。所有的態度、想法及信念也與多個通往身體所有器官，稱為「經絡」的能量通道有關。透過肌肉動力學測試，我們可以證明特定的穴道與特定的態度有關，而經絡則是作為通往特定肌肉與身體器官的能量通道。這些特定的經絡傳統上都以它們所掌管的器官來命名，例如「心經」「膀胱經」等。

這些人體內部的重要溝通管道並無任何神祕之處，它們可以在幾秒鐘之內就以令人信服的方式獲得證實——我們已知道，若一個人心存負面想法，某個特定肌肉就會變弱，而若用正面想法取而代之，同樣的肌肉就會立刻變強。心與身的聯繫是即刻的，因此身體在每一個瞬間的反應，都隨著一個人的思想之流與情緒變化而改變。

我們曾提過來自非線性動力學與其數學知識的「初始情況敏感依賴」法則。記得它描述了在一個模式中，輸入的微小變化會在最終的輸出端造成巨大的差異這種行為。這是因為長時間重複的微小改變，將導致模式中累進的改變，或者，當增值幅度以對數增加時，則會跳躍至一個新的諧波。微小改變的效果被放大，直到最終影響了整個能量系統，進化而成一個新的能量模式——而同樣的過程又再度造成進一步的變化，如此周而復始持續下去。

在物理世界，這個過程稱為「紊流」，有大量的研究以它為主題，特別是在結合了物理與數學的「空氣動力學」領域。當這樣的「紊流」發生在意識的吸引子場域時，便會製造出情緒的煩擾，而且在一個新的平衡被建立起來之前，這種情況會一直持續下去。

當一個人的心被負面世界觀所主導，直接後果就是在通往各身體器官的能量通道上造成重複的微小改變。人類精微的生理狀態的所有複雜功能，都會透過電子傳遞、神經荷爾蒙平衡作用、營養狀態等類似機制的變化而受到影響。最後，累積的極微量改變透過電子顯微鏡學、磁振造影、X光、生物化學分析等各種測量技巧，成爲可辨別的——但是等到這些改變能夠被偵測到的時候，疾病過程已經發展到後面的階段了。

我們會說，個人思想與態度的隱形小宇宙，將因身體對它所產生的習慣性反應而變成可見的具體症狀。如果我們想想那不斷流經頭腦的數百萬個思想，那麼，當身體狀況出現急遽的改變，以反映受基因與環境因素影響的主要思想模式時，就不會感到太意外。因爲刺激物的「持續」與重複，才能透過「初始情況敏感依賴」法則形成可見的疾病過程。但啓動這過程的刺激物，本身可能會因爲太過微小而逃過了偵測。

若以上疾病形成的系統是正確的，那麼所有的疾病都應該能透過改變思想模式與習慣性反應而逆轉。事實上，從人類每一個已知疾病中自動康復的例子在歷史上有許多記載（這個現象是電視節目《20/20》在一九九四年四月八日所探討的主題）。傳統的醫療也記載了自動「痊癒」的例子，但從未有一個深入探討的概念性工具（順便一提，一個有趣的現象是：完全現代的外科醫生竟也非常不情願爲一個相信自己會死在手術台上的人動手術——因爲這種病人經常一語成讖）。

全心全意投入改變的奇蹟

在戒酒無名會裡，據說唯有當上癮者在性格上出現重大改變時才能夠康復。這就是戒酒無名會創辦人比爾首先表現出來的基本改變——他的整個信念系統都出現了深刻的轉變，之後並出現意識上的突然跳躍。美國精神病學家哈利．泰包特（Harry Tiebout）是首度研究人們在態度上出現重大蛻變的人。他曾治療一個病入膏肓的酒癮者，那人是無名會的第一位女性會員。她在性格上所經歷的深刻改變，程度大到無法用許多已知的治療方法來解釋。在針對此現象所做的一系列觀察報告中，泰包特開頭就記載了她從一個憤怒、自怨自艾、偏執、自我中心的生物，轉變爲一個仁慈、溫和、寬容、充滿愛心的人。這個例子十分重要，因爲它清楚證明了從逐漸惡化或絕望的疾病康復的過程中，轉變這因素有多麼關鍵。

從絕望、無藥可醫的疾病康復的研究案例中，都出現這種意識的重大轉化，因此造成病理過程的吸引子模式無法再繼續發揮主導作用。從這類重大疾病中康復的必要步驟，由最初一百位從酒癮康復的患者正式建立，這就成爲後來由戒酒無名會所建議並受到所有十二步驟康復團體所遵循的著名「十二步驟」。數百萬人藉由執行這些步驟而康復，顯示這個經驗可能可以普遍應用在「所有的」疾病過程中。榮格給羅蘭的建議——「全心全意投入任何吸引你的靈性團體，無論你相信與否，都希望奇蹟在你身上發生」——對每一個想從日漸惡化的疾病中康復的人而言，可能完全眞實。

在自動康復的案例中，當事人經常能夠提升愛的能力，並意識到愛在療癒過程中的重要性。有無數的暢銷書告訴我們，去愛就表示健康地活著——然而唯有當我們停止譴責、停止恐懼，並停止憎恨彼此時，才有可能去愛我們的人類同胞。而如此激烈的改變可能會使人非常迷惑，人們必須要有勇氣，才能暫時忍受成長所造成的不適，因爲我們的頭腦基於驕傲的關係，傾向於拒絕改變。要從任何疾病過程中康復，憑藉的是一股意願，願意探索看待自我與生命的全新方式，包括在信念系統動搖時，忍受內心恐懼的能力。人們一向珍愛並執著於他們的憎惡與委屈，因此，要治癒人類，或許必須要讓全人類從挾怨、攻擊及報復的生活方式中脫離。

與低於200的能量場有關的思想與行爲有一個最主要的問題，就是它們會造成反作用。可見宇宙中的一個爲人熟知的法則，就是外力會造成同等而相對的反作用力。因此，不管是心理或身體上的一切攻擊行爲，都會引發反擊。心存惡意會讓我們生病，我們向來都是自身懷恨之心的受害者。即使是心裡祕密地懷有敵意都會導致自己的生理遭受攻擊。

笑的療癒作用

相比之下，例如愛與歡笑，則有療癒作用，因爲它是從一個較大、涵蓋較廣的視野來看待那較小的，它能讓觀察者擺脫受害者的姿態。每一個笑話都能提醒我們：我們的現實是超然的，是超越事件的細微末節的。例如「黑色幽默」，根據的就是一個矛盾兩極的並置，聽者的焦慮獲得釋放後引起一聲大笑。人們突然開悟時，伴隨而來的其中一個東西就是笑聲：宇宙的大笑話就是將幻覺與實相並置比較。

相反的，缺乏幽默感對健康與幸福都非常不利。極權主義政體特別缺乏幽默感——帶來接受與自由的歡笑會對當權者的統治造成威脅。畢竟，要鎭壓擁有絕佳幽默感的人民實在太困難了。要小心缺乏幽默感的現象（無論它是在個人、機構或信念系統的形式中呈現），因爲缺乏幽默感總是與想要控制、主導的驅力並肩同行，即便它宣稱自己的目標是創造和平。

和平無法用這種方式創造。和平是當阻礙它發生的障礙被移除後，事情的自然狀態。只有相對極少數的人眞正將和平當作一個實際的目標並致力於實現，因爲在個人生活中，多數人在人際關係或個人事務上，都寧願不計代價讓自己成爲「對的」。自我合理化的立場其實才是和平的眞正敵人。當人們在強迫的層面上尋求解決之道時，不可能有和平的解決方案。

從內在去明辨，而非指責系統之外的東西

由於固有的不誠實，與極弱的吸引子場域相關的系統將會缺乏效率、浪費，而且很笨重。以醫療保健產業爲例：過多的恐懼與法規造成了它沉重的負擔，以致難以運作。這個產業本身說明了企圖控制的作法只是迅速加重了官僚主義的困境——複雜的狀況所費不貲，而系統虛弱、無效率的現象就和隱藏在系統底下的態度如出一轍。個人疾病的康復（或醫療保健產業的康復）只能透過循序

地逐漸提升動機並拋棄自我欺騙，從而獲得一個嶄新而清晰的視野。壞蛋不存在，出錯的是系統本身的錯誤共鳴。

如果我們說健康、效力及繁榮富裕都是與實相和諧一致的自然結果，那麼任何低於它的東西，就需要我們從內在去明辨，而非去指責系統之外的東西。吸引子模式遵循著自己的物理學法則，即使它們不是牛頓學派學者。原諒他人就是被原諒，如同那一再被觀察到的現象，在這個萬事萬物皆相互關聯的宇宙中，沒有所謂「意外」這種事，也沒有什麼東西是在宇宙之外的。由於肇因的力量是看不見的，只有其效果的展現是可見的，於是便有了「意外」事件的幻覺。一個突發、意料之外的事件可能看似隨機，與可見的肇因無關，但它眞正的來源卻可以透過研究來追溯。舉例來說，突發的疾病通常事先都有可辨識的徵兆，即使有「易發生意外」的可能性，在「意外」發生前也會經過若干小小的預備步驟。

意識是賦予身體生命的能量

疾病過程證明了心智的運作上有某種東西出錯了，那正是心靈力可以發揮影響力而造成改變的地方。如果只把疾病當成身體過程來治療，在A→B→C的「果」的世界中運作，並無法糾正身體失調的根源，只是徒然將疾病掩蓋起來，而非眞正治好它。一個折磨了一輩子的問題，很可能單單藉著態度的改變而康復，而即使這個改變看似在一瞬間發生，其實可能已經在當事人的內在準備了好幾年。

我們必須記得，任何複雜系統裡的「臨界點」就是用最小力量造成最大改變的地方——如同在棋盤上移動一個馬前卒，很可能改變全盤的戰局。我們信念系統中的每一個細節，都有讓事情變得更糟或更好的潛力。正因如此，才沒有所謂的「無藥可救」或「無望」的狀況——**在某個地方、某個時間，某個人已透過我們所說的過程而康復了。**

當我們走過進化的痛苦掙扎時，對自己與他人懷抱慈悲之心極為有益——不僅有助於康復，也有助於意識的任何重大進展。只有在那時候，我們才同時變成了治療師與被治癒者，也只有在那時，我們才有希望治癒所有身體或精神上的不適。

以上這一切是否表示，如果我們學習在無條件之愛的層次上運作，就會變成永生不死？很不幸，我們身體的原生質很容易受到自身基因設定和外在環境的影響。但是從意識能量等級500以上的視野來看，死亡似乎只是個幻覺。儘管生命被局限在物質身體而產生感知限制，卻仍將延續下去，不會因此受到阻礙：意識是賦予身體生命的能量，同時也是超越身體、繼續存在於另一個存在領域的生命能量。

第三部

意義

第十九章

意識的資料庫
The Database of Consciousness

這個資料庫最偉大的潛力在於它被「問」到任何事的當下即能立刻「知道」的本事，因爲它能夠掌握曾經於任何時間與地點被經驗過的一切。它是天才的根基，靈感的泉源，以及包括「預知」的「神奇」通靈知識之來源。

榮格注意到遍在的原型模式與象徵，而創造出「集體無意識」一詞——意指由人類族群共享的經驗所構成的、深不可測的潛意識之池。我們可以將它想像成人類覺知的巨大隱形資料庫，特色是擁有強大的力量與普世通用的組織模式。這個由人類意識所能獲取的全部資料組成的資料庫，隱含著驚人的固有能力。它絕非只是一個巨型資料庫，靜靜等待著被取用。這個資料庫最偉大的潛力在於它被「問」到任何事的當下即能立刻「知道」的本事，因爲它能夠掌握曾經於任何時間與地點被經驗過的一切。

此資料庫是一切由不符理性或超理性管道所獲得的資料——不管是透過直覺、預感，或占卜、夢境，或只是「幸運」猜到而獲得的資料。它是天才的根基，靈感的泉源，以及包括「預知」的「神奇」通靈知識之來源。當然，它也是肌肉動力學測試賴以汲取資訊的資料庫。對「超自然」這個概念或非理性知識感到困擾的思想家，通常會迴避邏輯上（或非邏輯上）與牛頓學派的同時性、因果關係或時空概念不一致的地方。然而，宇宙遠比那廣大多了。

這群思想家同樣也會掃視黃昏的天空，以找出最喜愛的星座爲樂……然而，其實根本沒有星座。那些爲人熟知的「星星」圖案是由數個光點所形成，而這些光點的來源彼此完全不相干——有些來自幾百萬光年之外，有些來自不同星系，有些事實上自成一個獨立星系，而有些可能在千年以前就已燃燒殆盡、不再「存在」了。那些光並沒有空間或時間上的關係。由觀者眼中投射出來的並不是只有那長柄勺、大熊或人形的外形，還有那圖案，即「星座」本身。然而，黃道十二宮仍然是「眞實」的，因爲我們**構思**了它。占星學仍然「存在」，而且對許多人而言，它是個解釋自己與人際關係的實用工具。它有什麼理由不如此？畢竟，意識的資料庫是個無窮無盡的資源。

❖ ❖ ❖

此資料庫的行爲如同一個擁有潛在場域的靜電容器，而非一個充滿電的電池。除非潛在的答案已經存在，否則問題不可能被提出，原因是問題與答案兩者都是從同一個典範中創造出來的，因此它們是完全對稱的——若沒有「下」的存在，就沒有「上」。因果關係是同時發生，而非依序發生的。榮格用「同步性」一詞來解釋人類經驗裡的這種現象。如同我們檢視高等物理學後所了解到的，宇宙中一個「此處」的事件並不會「導致」另一個事件發生在「彼處」——它們兩者其實是同時發生的。

如果不是像牛頓學派的線性順序因果關係，那麼這些事件之間又有何關聯？很顯然，這兩者之間是以某種看不見的方式產生關聯或連結在一起的，但不是藉由重力或磁性，甚至也不是藉由一個巨大到能夠涵括這兩個事件的宇宙場域。任何兩個事件的「關聯」只發生在觀察者的意識之中——他「看見」了這個關聯，然後描述了「配成一對」的事件，假設了彼此間的關係。這個關係是存在觀者頭腦之中的概念。宇宙中不一定存在任何必然產生的外在事件。除非有一個潛在的吸引子模式，否則什麼東西都無法被經驗到。

❖❖❖

全知即是全能、遍在的。在未知與已知之間沒有距離——已知只不過是經由提問從未知中顯現。舉例而言，帝國大廈這棟建築物是從建築師的腦海中誕生的——人類的意識就是個媒介，能夠將一個看不見的概念轉化為顯現的經驗，這經驗因而凍結在時間中。每個人都可以看到一九三一年「發生」在紐約第五大道的事件，而「發生」在帝國大廈創造者意識中的事件亦保持著它在資料庫中的紀錄，每個人至今也仍可以看到——這兩種存在都是完整的，只是在不同的知覺領域中。這些建築師將概念轉換為具體的鋼筋水泥，讓其他人都得以經驗到他們的願景。

我們「正常」人完全沉迷於將隱形層次的ＡＢＣ轉化為可見的Ａ→Ｂ→Ｃ。非凡之士則主要活在ＡＢＣ的世界裡（那些活在超越此層次，在完全無形的純粹意識領域中的人，我們稱為「**神祕家**」）。對非凡之士而言，萬物的源頭顯然已經很清楚，他們沒興趣參與讓事情顯化、變得可見的過程。在每日的生活中，這些人發想、孕育出新事業，然後將執行與管理的工作交付他人。至於神祕家，他們的層次更高，他們認為只有**他們的**ＡＢＣ覺知層次是「眞實的」，那可見的世界皆是夢或幻覺。不過，在此必須指出，這也是另一種受限的觀點，既沒有所謂眞實，也沒有不眞實，只有那如如的「是」。那如是，即如此，從一切觀點或無任何觀點來看皆然。

無形的存在並非能夠想像的，但同時卻是究竟的實相——這包括「陰」與「陽」、未顯化與顯化、有形與無形，可見與不可見、時限與永恆。因此，眞實世界也同時是「眞實的眞實世界」，因爲那「一切可能」必須將「一切所是」包括在內。因此，「世界的創造」必須是持續發生，否則就不會有任何創造。想尋找世界創造的「起點」，是從人造的時間觀出發——一個時間之外的「起點」，是無法在時間中被找到的。「宇宙大爆炸」只能在觀察者的心智中發生。

進行式的覺知

宇宙是十分合作的——甚至與意識本身並無不同，宇宙很樂意爲我們創造出我們希望在「外面某處」找到的任何東西。問題就在於**「因」**這個概念，它假設了時間隧道、一個序列或一連串事件是合理的。如果我們踏出時間之外，就根本沒有「因」了。我們可以說，外顯的世界源自於那未顯化的，但那又再度暗示了一個時間中依序發生的因果順序，亦即未顯化的→→所顯化的。一旦超越了將理解範圍局限在順序之內的時間隧道，也就沒有向前或向後的存在了。如此一來，我們也可以反過來說，外顯的世界造成了未顯化的世界，而且在某個層次的了解上，這是可證實的。例如，如果我們觀察電子排列在一個空間中的一邊，質子排列在另一邊，兩邊呈均衡狀態，我們怎麼能說是某一邊造成了另一邊的排列狀態？同樣的，雖然康復是慈悲的結果，但是慈悲並非它的「因」。

在600或更高的能量場中，幾乎所有東西都會康復。

一切生命與一切形式的源頭，必然大於它的顯化，然而，它與那顯化既無任何不同，也不是分離的。在創造者與被創造物之間沒有任何人爲的分離概念。正如聖典中所說的：那現在是的，亦是過去所是，也永遠是未來所是。

因此，時間就好比一幅本身即已完整的全像圖。它是一個持續移動之觀點的主觀、知覺效果。全像圖沒有開始，也沒有結束，它是遍在、完整的——事實上，表面上的「未完成」正是它完整性的一部分。即便是「向外展現」這個現象本身也反映出受限的觀點：沒有「向內摺疊的」也沒有「向外展現的」宇宙，只有一個發生中的覺知。我們對發生於時間中的事件所產生的感知，可以用如下比喻來解釋：一個旅人看著風景在他面前展現。然而「風景在旅人面前展現」只是一種修辭上的比喻——沒有什麼東西眞的展現了，沒有什麼東西眞的正在顯化。只有進行式的覺知。

這些矛盾消融在更大、包含對立兩極的典範中，而這樣的兩極純粹與觀者的位置有關。對立兩極的超越會自動發生在600及以上的意識能量等級。有一個「知者」與「被知物」這個概念本身就是二元對立的，它意味著主體與客體的分離（而這個概念也只能透過觀者以人爲採取的觀點推論得出）。天地萬物的創造，無論有形或無形之物，都是超越這兩者、包括這兩者的，也是與這兩者合而爲一的。存在，因而僅是一份聲明，說明著「覺知」覺知到了它的覺知，也覺知到了它的表達，亦即意識。

只有意識本身，才能想像「存在」爲何物

「本體論」毋須是純理論的——畢竟，它只是一種存在的神學。任何覺知到自己存在的人已經能夠接觸到存在的最高表述，甚或更多。**只有一個絕對眞理**，所有其他都是源自人爲受限觀點與立場的「半事實」。「存在或不存在」（To be or not to be）[①]不是一個選擇，一個人可能可以決定是這個（be this）或是那個（be that），但就只是「存在」（be），卻是唯一的事實。

前面所述，都曾在人類智識史上的不同時間點被那些覺知已超越二元對立的聖者描述過。儘管如此，宣稱了解存在的非二元性比視之爲二元還要優越，同樣又是掉入另一個幻覺裡。在究竟上，既無二元性也無非二元性，只有**「覺知」**。只有覺知本身，能夠宣稱自己是超越一切如「存在」或「不存在」等所有的概念。事情必須如此，因爲只有意識本身，才能想像「存在」爲何物。

覺知甚至是超越意識的。因此可以說，「那絕對的」是完全不可知的，因爲它超越了「知」，或者說是超越意識所能觸及的。那些已達成此覺知境界的人，說它是無法形容的，而且對無此經驗的人而言根本是無意義的。儘管如此，這仍是「實相」的眞實狀態，是普適全體、永恆不變的——我們只是無法認出它罷了。認出它即是開悟的本質，是意識進化臻至超越自我的最後答案。

①莎士比亞《哈姆雷特》中的名句「To be or not to be, that is the question」，原意指「生存或毀滅，這是個問題」。

第二十章

意識的進化

The Evolution of Consciousness

一個人的態度能改變他所體驗到的世界，而且有無數的體驗方式，就像在觀看一幅全像圖，你會看見什麼完全依你觀看的「位置」而定。那麼，什麼位置才是「實相」呢？事實上，這是個全像式的宇宙。每一個觀點反映出一個由觀者的獨特意識能量等級所定義的位置。

數千次的計算，加上針對個人所做的無數肌肉動力學測試與歷史資料分析皆指出，全球人口中，一個人一生在意識能量等級進化上的平均值只有區區五分。顯然，即便一個人一生中經歷過數不清的個人體驗，通常也只學到了很少的教訓。獲得智慧的過程是緩慢而痛苦的，很少人願意放棄自己熟悉的觀點（即便那是錯的亦然）。人們極力抗拒改變或成長。似乎，多數人寧死也不願改變將他們桎梏在較低意識能量等級的信念系統——如果這是眞的，那麼人類未來的前途會如何？難道我們唯一能期待的，就只是一個世代五分的龜速進展？這個令人困擾的問題值得我們加以注意。

一開始，如同我們在全球人口的意識能量等級分布上所看到的，我們的種族有大量人口是處於進化等級的低階位置，仍然亟需藉由「外力」來彌補其本身的無力。等級再高一些時，各個文化展現出更大的多元性。例如，日本人集體從第二次世界大戰中學到了教訓，並在進化上出現重大的集體飛躍；美國人的意識能量等級反而在越戰之後便向下沉淪——人們學到了什麼教訓仍有待觀察。

不幸的是，美國娛樂界經常喜歡利用人們濫情的傾向來製造娛樂效果，因此也吸引到了暴力。謀殺案是每晚在電視上和家人共享的配菜，孩子們也在這種規律的心理浸淫中成長。美國人已學會享受怵目驚心的場景，而且越詭異越好。殘忍與破壞已成爲目前的現狀。一九九三年，在亞利桑那州鳳凰城，孩童必須獲得父母准許才能攜帶槍支的提議失敗了，不久後，新聞便報導一個才三歲的孩子以手槍擊斃了一個兩歲半的孩童。美國社會似乎約定成俗接受了某些意識能量等級，讓它們日益擴張，終至成爲各個社會階層中根深柢固的特質。

儘管如此，人們仍有選擇的自由，因此個人仍有相當大的潛能可以自由活動並擁有多元的經驗，而始終能擁有另類的選擇。從我們對高等理論物理、非線性動力學及非線性方程式本質所做的研究來看，選擇不但可能，更是無可避免的。不規則是從規則中出現的，所有的吸引子模式皆互相連結，儘管只有「一絲絲」的連結。但是，到底具有轉化作用的選擇是如何發生的呢？理由為何？誰做出了這樣的選擇？又為了什麼？這個主題從未被詳細說明。

成長與發展是不規則、非線性的，特別是我們對於任何關於成長或其「過程」的核心本質一無所知。沒有人曾經研究過**生命本身**的本質，只研究過它的形象與結果。我們一直沒有足夠的數理知識來了解它，線性微分方程式只能帶我們接近它，但無法進入其核心。當我們目睹一個花苞或一片葉子萌芽綻放時，不可思議的驚奇之感便透過內在的魔法發生了，然而這過程我們卻都一點也不了解。

如同我們經常見到的，個人或集體的成長可以發生得很緩慢，也可以發生得很突然。它並非受限於任何約束，而是受限於傾向。無數的選擇總是隨時開放給每一個人，但它們相對不常被選擇到，因為人們想要的是令這些選擇看起來更誘人的脈絡。一個人做選擇的範圍通常只受限於自己的視野。

脈絡、**價值**、**意義**，這些東西只不過是不同名稱，都是指一個能量模式的精微網絡，包含在一個組織全體的吸引子能量場之內——而這能量場本身也只是一個更大能量場的一部分，如此層層不斷，在整個宇宙中無盡延伸，直到涵蓋意識的整體場域為止。如此複雜的能量模式，其規模似乎超越人類的認知，但是意識能量等級達到600至700的人，卻能了解其整體性。這讓我們一窺處於高等意識狀態的人所擁有的驚人了解能力。

「意願」能夠打開心門

在協助意識向上提升的過程中，最重要的因素就是願意的態度，那能打開一個人的心門，用全新的方法評估新假設的有效性。雖然一個人改變的動機就如同人生百態一般千奇百怪、繁不勝數，然而改變最常在一個人的頭腦出現迷惑或矛盾時自動發生。事實上，一些修行方法（例如「禪」）會刻意創造這樣的僵局，巧妙地促成覺知的大躍進。

在我們意識的等級尺度上，有兩個臨界點允許意識出現重大進展。第一個是在等級200這個點，這是賦能的最初等級：在這個點上，願意停止怪罪並為自己的行為、感覺及信念負起責任的意願生起——只要事件的「因」與責任仍被投射到自己的外在，就會停留在受害者的無助模式中。第二個點是500，它是透過懷抱著愛與不主觀評斷的寬容，對萬事萬物都**毫無例外**付出無條件的仁慈，並將之視為一種生活方式而達成（在採用「十二步驟」康復的團體裡，他們說即使別人「錯待你」，也絕無合理化的怨恨）。一旦一個人做出這樣的承諾，就會因視野的進化而開始體驗到一個全然不同、更為和善的世界。

完整、同時性的全像圖與感知

一開始，要了解一個人的態度能改變他所體驗到的世界，而且有無數的體驗方式，是十分困難的。但是，就像在觀看一幅全像圖，你會看見什麼完全依你觀看的「位置」而定。那麼，什麼位置才是「實相」呢？

事實上，**這是個全像式的宇宙**。每一個觀點反映出一個由觀者的獨特意識能量等級所定義的位置。如果你位於全像圖的一邊，你的感知就必定不會和另一邊的觀者一樣。「他一定是瘋了！」——這是對兩者的差異所做出的常見反應。即使我們已聽說過很多遍，說這世界是由許多鏡子組成的，那也不是真的。這世界是一組全像圖，存在於看似被時間與地點所固定住而僅能映現單一反映的無限維度中。以聽覺經驗為例，它是一個包括古往今來一切聲音的吸引子場域之全像式系列的一部分。同理，物質世界是能觸知的，它有質感、顏色、維度，以及如位置與形狀的空間關係。這些都只是一個潛在順序的一部分，而這順序與其他所有品質都可「在時間中往回追溯」至其存在的源頭——即「現在」。

我們可能會說，一個全像圖之內，以及其本身，都是一個過程。在一個三度空間的全像圖裡，沒有固定的東西。那麼，一個「四度空間」的全像圖又如何？它會同時包含所有可能的情況。改變，似乎必須隨著時間進行，但如果連時間本身都被超越了，就沒有所謂「順序」這種事。如果一切都在現在，就沒有能由此處依循到彼處的東西。每一個全像圖之中都是進化上的投射，投射自一個由非因果關係，而是同步的事件所構成的無盡非線性母體。因此，在600至700的感知等級，過去、現在、未來的一切都在完整而同步的全像可能性中，以非言語所能形容的方式被了解。「無可言喻」一詞，在這裡開始有了意義。

各意識能量等級所呈現的差異

讓我們試著透過具體例子進一步了解這件事。想像一個街角的「流浪漢」：在某處高級住宅區，有個穿著破爛衣服的老人獨自倚靠在一棟高雅的紅褐色砂石建築物旁。讓我們從各個意識能量等級的眼光來看他，注意他在不同人、不同觀點下所呈現的差異：

從意識尺度的底端，**等級**20（**羞恥**）來看，這位流浪漢看起來骯髒、噁心，而且可恥。從**等級**30（**內疚**）來看，他自己該爲自己的狀況負責；他咎由自取，可能還是個懶惰的人，靠詐取社會福利金度日。在**等級**50（**絕望**），他的處境可能看起來很無望，這是證明社會對無家可歸的遊民問題一籌莫展的該死例子。在**等級**75（**悲傷**），這位老人看來很悲慘、沒有朋友，孤獨淒涼。

在意識能量等級100（**恐懼**），我們可能把流浪漢視爲威脅，一個危害社會的人物：或許我們應該在他還沒犯罪前先報警處理。在**等級**125（**欲望**），他可能代表一個令人感到挫折的問題——爲什麼沒有人出來做一些事？在**等級**150（**憤怒**），老人看起來可能像個會使用暴力的人，或者相反地，他會對我們國家現今存在著這種糟糕的狀況感到怒不可遏。在**等級**175（**驕傲**），他是個令人難堪的景象，或被視爲一個缺乏自尊、無法讓自己過得更好的人。在**等級**200（**勇氣**），我們可能會主動去想想附近是否有遊民安置中心——他需要的只是一份工作和一個住的地方而已。

在**等級**250（**中立**），流浪漢看起來還好，甚至還有些有趣。我們可能會說：「共生共榮」——畢竟，他沒有傷害任何人。在**等級**310（**意願**），我們可能決定走過去瞧一瞧，看看自己是否幫得上忙，讓街角那傢伙好過一點；或許我們還會花點時間到附近的遊民中心當義工。在**等級**350（**接納**），街角的人看起來很吸引人：他的背後可能有一個有趣的故事；他到此地的理由我們可能永遠也無法了解。在**等級**400（**理性**），他是當前經濟與社會不安的象徵，或者，他也可能是深度心理學研究的好對象。

在**更高的等級**，老人開始看起來不僅有趣，而且友善——甚至可愛。或許我們還能看到：事實上，他是一個已超越社會限制、自由自在的人，一個喜悅的老人，臉上散發出歷經歲月洗禮的智慧，他對物質事物的不在乎，讓他透露出一股寧靜的氣息。在**等級**600（**安詳**），他所揭露的只是我們自己暫時的展現。

當人們接近流浪漢時，他對這些不同意識能量等級的反應也會有所不同。對某些等級的人，他感到安全——對其他等級的人，則覺得害怕、沮喪。有些人令他生氣，有些人令他開心；有些人他會避免接觸，有些人他則會愉快打招呼（因此人們說，**我們會遇見自己的鏡像**）。

我們的意識能量等級所在之處（也就是我們身爲被動觀察者所遭遇的世界），將決定我們會看到什麼。我們對事情的反應方式，是根據感知這件事所處的意識能量等級而定，這是事實。也就是說，外在事件可以定義情況，但無法決定人類反應的意識能量等級。爲了舉例說明這一點，讓我們來看看目前的刑罰制度。

不同的囚犯被安置在一模一樣、令人沮喪的環境中，而他們的反應則根據「他們來自哪裡」而有相當大的落差。意識處於最低等級的囚犯有時會在獄中企圖自殺；有些則變成精神病患、充滿妄想與罪惡感。有些人意志消沉，一蹶不振，不言不語也不吃東西；還有些人抱頭哭泣，試圖掩飾才剛開始掉下的悲傷眼淚。一個普遍的經驗是恐懼，這種情緒不是透過偏執的防衛就是透過露骨的諂媚反應出來。一些囚犯會以十分暴力與攻擊性的狂怒行爲來反應。處處可見驕傲的心態，它表現在男子氣概的吹噓與統治中。

然而，有些囚犯找到了面對自己爲何受到監禁的勇氣，開始誠實檢視自己的人生……而總是有一些人能夠從容不迫面對困難，努力讀一些書。在「接受」的等級，我們會看見囚犯尋求幫助並加入自助團體。在囚犯之間，養成學習這個新興趣是很尋常的事，他們或許會在監獄的圖書館裡閱讀，甚至成爲獄中的法律專家（歷史上有些影響力甚大的書就是在牢裡寫成的）。有少數囚犯經歷了意識的轉化，成了對獄友充滿愛心與寬容的照顧者。此外，我們也不是沒聽說過有因犯與更高的能量場起共鳴，投入深刻的靈性生活中，或者甚至積極追求開悟。有一些甚至變成了聖潔的人。

我們如何反應端看我們要對它做出反應的世界是如何。我們要變成什麼樣的人、會看見什麼，都是由我們的「感知」所決定——或簡單地說：由我們用以創造世界的感知所決定。

有趣的是，一個人所在的意識能量等級越低，就越難與人保持目光接觸。在最低層次中，眼神接觸一概被避免。然而，我們越往意識的高處走，保持長時間，最後幾乎延伸至無盡深處的凝視，變成了一大特色。我們很熟悉何謂充滿疚責的眼神、充滿敵意的怒視，以及眨也不眨、張得大大的天眞無邪的眼睛。**記住，這種力量與感知是並肩而行的。**

感知的機制

那麼，感知又是如何運作的呢?它的運作機制爲何?感知具有主觀的獨特性能夠透過普遍的觀察獲得證實：在法學院模擬審判的例子中，不同證人對同一件事在看法上會出現落差大到離譜的分歧。感知的機制正如一座以意識爲投影機的電影院，底片中的形象就是吸引子能量模式，而螢幕上移動的畫面就是我們所感知到並稱爲「現實」的世界。我們可以說，底片上的構成因素就是心智中的ABC吸引子場域，而螢幕上移動的畫面就是我們視之爲現象世界的A↓B↓C。

這個架構提供了一個讓我們更加了解因果關係本質的模型，它本質上是發生在底片的層面，而非螢幕的層面。由於世人總是在屬於A→B→C層面的生命螢幕上做功，因此這些努力不但沒有效力且代價高昂。因果關係源自於各能量等級的吸引子模式，源於刻印在心智底片上、由意識所照亮的構成因素ABC。

別讓頭腦繼續扮演「現實的唯一裁決者」

意識之流的本質（其思想、感知、覺受及記憶的模式）是受到主導的吸引子能量場帶動、誘導的結果。記住，**這個受主導的情況是自願的**——它不是強加其上，而是個人選擇、信念及目標的結果。

我們透過共識，與一個代表特定處理方式的能量場模式同步化，並依據其帶來的一套價值觀與意義而影響我們所有的決定。從某個等級上的觀點看起來很重要且令人興奮不已的消息，對另一個等級的人而言可能窮極無聊，甚至令人反感。真理是主觀的，而這可能會令人恐慌。當前人類將科學提升至一個絕對可靠的神諭地位，這只是顯露出我們缺乏安全感的強迫症，非得感覺「外面某處」存在著一個我們可測量的、普遍可預料的、客觀的世界讓我們倚靠。

然而，在超越感知的情感扭曲之際，科學又受限於自己的特性而創造出另一種概念上的扭曲。出於必要，科學必須將資料從其脈絡中移開，以便研究——然而，最後卻是脈絡賦予了資料全部的意義或價值。高等理論物理學最終發現的東西，是可透過任何人類知識的組織化場域接觸到的：一個人對「外面某處」的結構分析得越詳盡，就越會發現自己所檢視的東西其實是此時此地意識複雜過程的本質。沒有什麼東西存在於「外面某處」，唯有意識本身。習慣性地相信那裡有什麼，是我們最根本的幻覺，是人類頭腦的虛榮，頭腦總是將短暫無常的對象視爲「我的」。

客觀而言，可以說思想其實是屬於世界的意識，個人的頭腦只是以新的排列組合來處理它而已。被視爲眞正原創的思想只透過天才的媒介出現，而且它的作者總是覺得它是項被給予或被發現的禮物，而不是自己創造的。或許我們人人都是獨一無二的，因爲沒有兩片雪花是一模一樣的……然而，**我們依然只是雪花而已**。

我們都在非自願的出生中繼承了人類的頭腦狀態。要超越頭腦的限制，就必須不再讓它繼續扮演「現實的唯一裁決者」這個專制的角色。自視甚高的頭腦總是在它恰好在觀看的人生電影上蓋上代表眞實的授權章。頭腦的眞正本質就是說服我們，說它獨一無二的經驗與觀點是最眞實的東西。每一個人內心都偷偷認爲，**他自己**對世界的獨特經驗是正確的。

討論意識能量等級時，我們注意到「驕傲」的其中一個消極面就是「否認」。每一個頭腦都傾向於否認，以保護自己的「正確性」——這導致了對改變的僵持與抗拒，以致意識無法在一生中獲得平均五分以上的提升。在意識能量等級大躍進之前，永遠必須先放棄「我知道」的幻覺。一個人有改變的意願時經常就是他「跌至谷底」的時候，也就是說，當他在一個無效的信念系統中已做盡一切仍告失敗之際。光無法照進緊閉的盒子裡，災難的積極面是它可能成爲通往較高意識能量等級的入口。如果人生被視爲老師，那麼它就會成爲老師。但是，除非我們謙虛地將痛苦的人生教訓轉化爲成長進步的階梯，否則只是會白白被浪費。

我們目睹、觀察並記錄自身顯著的一連串經驗，但即便是在覺知本身之中，也沒有什麼事真的發生了。覺知僅僅是對被經驗到的事情被動地留下印象，它對這件事沒有影響力。覺知是涵括一切的吸引子場域，擁有等同於生命本身的無限力量。**凡是頭腦所相信的，在高等的覺知等級中都是錯誤的**。

頭腦與其內容物認同。對於它自己接收的一切，它將功勞與罪過都歸於自己。因爲要虛榮的頭腦承認自己所做的唯一一件事只是去經驗，未免使其威信掃地。而且事實上，它只是去**經歷經驗**（experiencing experiencing）而已。頭腦甚至沒有經驗這世界，只對它做出了感覺上的報告而已。即使是最聰明絕頂的想法與最深刻的感受，也只是經驗。終究，我們只有一個功能——去經歷經驗。

意識最大的限制就是它的純真。意識很容易受騙，相信所聽到的一切。意識就像一個硬體，會播放任何被置入的軟體。我們從未失去自己意識的純真。意識就像一個敏感的孩子，天真、信任地堅持到底。它唯一的守衛就是一個明察秋毫的覺知，幫助審視接踵而至的資訊。

長久以來，人們就注意到僅僅藉由觀察頭腦，就能提升一個人的意識能量等級。一個被觀看的頭腦變得更謙虛，也不再宣稱自己知道一切——這使覺知的成長得以開始。在謙卑中，一個人開始有能力嘲笑自己，變得更不像頭腦的「受害者」，而更像它的「主人」。

從認爲我們「就是」頭腦，到開始看見自己擁有一個頭腦，而且擁有思想、信念、感覺與意見的其實是「頭腦」——最後，我們終將獲得智慧洞見，明白我們所有的思想都只是從意識的巨大資料庫中借來的，從來就不是我們自己的。流行的思想系統被接受、吸收、認同，然後在適當的時機又被我們視爲新潮的新興想法所取代。當我們不再如此重視這些短暫經過的想法時，它們自然就失去主導我們的能力，我們便能漸漸體會到頭腦的自由——以及不受頭腦桎梏的自由。接著，當此狀態臻至成熟，就會成爲一個新的愉悅泉源。當一個人在意識階梯中上升，存在的愉悅也將臻至成熟。

第二十一章

探究純粹意識

The Study of Pure Consciousness

意識是稀有、獨一無二、無可名狀、「超越頭腦」的——一種無思想的「知」的狀態，而又是完整的、廣納一切、無欲無缺，超越個別私我體驗的限制。

理性的哲學會研究過意識的多種面向，意識的表現（心智或情緒）也一直是臨床科學的探討主題，但是**「意識本身」**的本質卻從未在臨床上受到全面的檢視。

在醫學界，意識被假設爲僅是一種大腦的功能，這種假設也反映在如「病人恢復意識了」這樣的敘述中。這種例行公事般的狹隘描述，假設了意識是一種世俗的物質現象，一個不證自明、毋須多說的先驗經驗。

在此議題中，人們一向最感興趣的焦點就是人死亡時的意識狀況。生命的力量與覺知是從物質身體生起的嗎？是身體維續了有意識的生命，抑或剛好相反——生命的力量維續了身體？由於此問題的提問方式將受制於發問者對因果關係的既定偏見，因此發問者的意識能量等級將影響答案的本質。也因此，每個發問者都會得到一個代表他自己意識能量等級的答案。

對物質主義的科學家來說，這個問題看起來很荒謬，是一個不會有結果的多餘嘗試。但是對相反一端的人（或者說「開悟者」）而言，這個問題將會很滑稽好笑，它所顯示的受限感知引發了他們的慈悲心。一般人則可能根據自身的信念而採納這兩種觀點中的一種，或從傳統的宗教教誨中尋找答案。

所有關於生與死，以及意識最後歸宿的探討，必然反映出脈絡上的差異。笛卡兒名言「我思，故我在」的對應句子是「我在，故我思」。由於思考是以一種形式發生的，因此笛卡兒是正確的——任何有形式的東西必然已存在，因此得以擁有形式。「我在」是一個關於覺知的敘述，覺知觀照經驗的能力不必依賴形式。笛卡兒的暗示是：意識只有在取得形式時才會覺知到自己。然而，歷史上的開悟者並不同意這一點，他們通常會說意識是超越形式的，而且，實際上還是讓形式能夠從中出現的全能母體。現代物理學家也贊同這一點，波恩的「內折」與「外展」的宇宙概念就是其中一例。

若沒有意識，就沒有任何東西能夠體驗形式。也可以說，由於形式本身是沒有獨立存在的感知產物，因此它是短暫無常且受限的，反之，意識則是涵括一切且無限的。那麼，短暫無常之物（有明確的開始與結束）如何能夠創造那無形之物（涵括一切且全能的）？不過，如果我們看見「受限」這個概念也是純粹的感知產物，缺乏本有的眞實性，那麼這個謎團就能夠自己解開了：形式變成了那無形之物的一種表現。從形而上的觀點而言，意識是「如是」與「存在性」的一個面向，它暗示了人爲何將自己定義爲**「人」**的原因。**「人性」**只是**「存在性」**的表現之一。

人類意識的運作是我們這份研究裡更廣大的主題了。儘管意識或許難以捉摸，卻是人類所有行爲的內在本質。本研究的目的，是如何在臨床上以正確、有意義，而又經得起科學研究的方式來解釋意識與行爲之間的關聯。幸運的是，肌肉動力學將人類在意識中所體驗到的事情，透過身體的即時反應明確顯示了出來。這個技巧讓我們擁有一套簡明、確實的方法，獲得一個無誤、確立的，而又可透過實驗來測定、記錄，並且再複製的結論。

純粹意識的特徵

我們對意識的看法和我們對自我的概念是一致的：自我感越受限，經驗的範圍就越小。對現實的受限典範在影響力上是整體性的——例如，我們針對「貧窮」所做的研究清楚顯示，「貧窮」不是單指財務上的狀況，它也會讓一個人的友誼、口語表達能力、教育、生活舒適度、資源、健康，以及總體的幸福程度上，都呈現「貧窮」狀態。因此，「貧窮」可以被視爲一種受限的自我形象的特有品質，這種品質導致了資源匱乏。它不是指一種財務狀況，而是指一個意識能量等級。這個覺知等級的能量測定值大約是60。

「**自我**」的定義與經驗可以受限在一個人對身體的描述。那麼，當然，我們也可以問：一個人怎麼知道他有一個身體？透過觀察，我們注意到身體的存在被我們的感官所覺察。那麼，問題又來了，又是什麼東西覺知到了感官？我們如何體驗那感官所報告給我們的東西？有某種比身體更廣大、涵括更廣的東西必須存在，才能經驗那比它渺小的東西——而這某種東西就是**頭腦**。一個人會與自己的身體認同，是因爲他的頭腦正在經驗自己的身體。但那些身體重度殘缺的人報告：他們的自我感毫髮無損。這些人可能會說：「我和從前那個『**我**』一模一樣。」

於是，問題來了：一個人怎麼知道頭腦在經驗些什麼？藉由觀察與內省，我們可以看到思想沒有能力經驗它們自己，但有一個超越思想，也比思想更基本的東西經驗到了一連串的思想，而那個東西的自我身分認同不會被思想內容所改變。

到底是什麼東西在觀察並且覺知到一切主觀與客觀的生命現象？是**「意識」**的共振以覺知和經驗兩者呈現出來。意識並非由內容所決定，漂流經意識的思想就像魚兒在大海中游泳一樣。大海的存在與魚兒無關。大海的內容並無法定義水的本質。就像一道無色光束，意識照亮了被觀看的對象——這解釋了為什麼它在全世界的文獻中傳統上被形容為「光」。

僅與意識的內容物認同，是經驗到受限自我的原因。然而，與意識認同，即是明白一個人眞正的自我是無限的。當畫地自限的自我被超越，自我感轉而與意識認同時，我們便「開悟」了。

純粹意識經驗的一個特徵就是具有對永恆性的感知（或感知的永恆性）。意識被體驗為超越一切形式與時間，被視為平等遍在一切處。它被形容為「如是」或「存在」，在靈性文獻中則是「我是」。意識不認得何謂分裂，分裂代表感知的限制。開悟的狀態是一種不會分裂成小部分的「一體」。分裂是從局域性的感知而來，它只是一種觀點的偶然結果。

歷史上對思想的類似描述也和詹姆斯的研究一致。在著名的「季富得講座」中，詹姆斯形容意識是稀有、獨一無二、無可名狀、「超越頭腦」的——一種無思想的「知」的狀態，而又是完整的、廣納一切、無欲無缺，超越個別私我體驗的限制。

純粹意識的另一特徵是一般思想或感覺之流的止息——一種無限的力量、慈悲、溫柔，以及愛的狀態。在這種狀態中，「小我」變成了「大我」。同時，隨之而來的是認出自己之所以有能力將小我經驗轉化爲大我的根本源頭，而大我即是消除自我的受限定義過程達到的巔峰狀態。

關於如何幫助我們覺知到「大我」的必要步驟，在歷史上有詳細的描述。有衆多技巧與行爲被教導來協助人們移除障礙、拓展覺知，這些方法在各種靈性修習中都可以找到。在這類教導中，最普遍的程序就是逐步消除對有限自我的認同。

人們說開悟是相對稀有的，但並非因爲遵循必要步驟達至開悟很困難，而是因爲特別在現代社會中，對它感興趣的人非常少。如果我們在街上攔住一千個人，問他們「你生命中最大的野心是什麼？」有多少人會說「我想要開悟」？

當代對高等意識的認知

人們已越來越有興趣將意識作爲科學性主題，從第一個探討意識的國際會議出現便可見一斑。該會議名爲「邁向科學基礎的意識」，於一九九四年四月十二至十七日在亞利桑那州土桑的亞利桑那大學健康科學中心舉行。這是由一所聲譽卓著的學校所舉辦的國際性跨學科會議——然而，在衆多傑出報告者與高度專業學科所探討的廣泛議題之中，將意識視爲超越純物質現象並提供超越理性/物質解釋的探究，卻幾乎沒有。

事實上，探討意識這個主題的方法，就如同人類經驗般多彩多姿。本書亦附帶引用了許多現代人探討此議題時所提出的、走在時代尖端的洞見。或許回顧當代思潮在此議題上的演化過程，能幫助我們更清楚地提出自己的結論。

有意識存在，經常被視爲生物與非生物的識別特徵。生命是意識在可見或可體驗的形式世界中的一種表現。但是人類經驗的全部證明了意識同時是顯化，也是未顯化的。在形式之內覺知到意識十分普遍，而在超越形式中覺知到純粹意識，便十分罕見。

純粹意識的「經驗」是毫無內容物的，它在人類歷史上始終不乏記述——而這些記述總是相同。許多臻至該境界的人成了歷史上的偉大導師，深深影響了人類的行爲。這樣的人在他們存在的短短數年之中，已能夠在超過千年的時間裡，讓數百萬人領悟到存在於脈絡中的意義。由於這些教導並不關心由感官所體驗的物質世界，因此被歸類爲**「靈性的」**。

在科學家開始對意識感興趣之前，只有靈修老師與學生有興趣研究意識。但是在過去數十年來，許多理論物理學家關心的議題開始轉變了，如同我們所看到的，轉變至探討高等理論物理與非物質宇宙間的關聯。自一九六〇年代以來，大衆文化的深入扎根爲此議題衍生的探討創造出一群接受度頗高的觀衆，例如現今已被視爲經典之作的弗利耶夫．卡普拉（Fritjof Capra）的《物理之道》與羅伯．歐恩斯坦（Robert Ormstein）的《意識的心理學》這兩本書的風行。較高等的意識狀態向來極少發生，但是當新典範的 M 場擴張時，發生機率便會提高：最近的研究指出，有六五％的應答者據報曾有過之前歸類爲**「靈性」**的經驗。

由於科學的本質即是著重在可見現象，因此即便歷史上有許多偉大的科學家私下都曾證實，自己曾在研究期間發生過純粹意識經驗，甚至經常對其研究產生關鍵性的影響，科學依然從未對靈性概念的議題產生興趣。不過，非線性動力學領域的爆炸性進展引起了學界的好奇，並讓他們針對存在與意識的本質提出看法，例如艾恩·史都華的《上帝會不會擲骰子？混沌的數學理論》就是一例。「整體的科學」這個新觀念也成了科普書籍的主題，如約翰·布里格斯（John Briggs）的《鏡像宇宙》，以及他與大衛·皮特合著的《混沌魔鏡》。多年來，天文學家、數學家、腦外科醫師及神經專科醫師（還有物理學家）等，都陷入了這一波熱情的浪潮裡面，努力尋找這些新發現的意義。

經常有人指出，除非人類對一件事先有了爲該事件命名的脈絡和語言，否則便無法觀察或識別該事件。這種無能稱爲**「典範盲點」**，是脈絡限制造成的直接結果。因此，是自然科學領域在新興智識基礎上的拓展，慢慢地爲心理學等「人文」科學創造出得以出現新觀點與新研究方法的可能性。

雖然馬斯洛很久以前就探討過「高峰經驗」，心理學的主流文獻卻從未探討意識這個主題——僅有的例外是詹姆斯的經典著作《宗教經驗之種種》，此書一直被視是以靈性體驗角度探討意識心理學的標準科學論著。終於，超個人心理學跨越了經驗與臨床心理學的範圍，得以深入探討人類經驗中純主觀的面向。不尋常的經驗，或是過去被視爲騙術或幻覺的非凡能力，終於成爲超心理學的議題，將試圖證明「超感官知覺」體驗的實驗提升至正統地位。

精神病學領域之所以興起，是因爲試圖探討人類行爲與疾病中無形範疇的有形根源。由於精神病學是醫學的分支，便將自己定位爲病理學的一種，因此，它探討的幾乎只限於意識的較低等級及其與神經生理學的關係，純意識仍被排除在精神病學的典範之外。

在醫學界，接受更廣泛的療癒範疇並採用非傳統療法的醫師，成了所謂的**「整體療法」**醫師，而這個詞一開始在醫療系統的階層裡便暗示著不專業。但是該領域的先鋒所做的貢獻（特別是心臟病發作後的康復或利用祈禱加速手術後的康復等）都應受到應得的肯定。

伊利莎白·庫伯勒—羅斯以病患所述的瀕死現象與瀕死經驗引起醫學界與大衆的關注。出體經驗也終於成爲一個相對普遍的議題，因爲有越來越多接受手術的患者表示自己目睹了整個手術過程，並聽到手術過程中的所有對話。戴爾瑪·摩斯（Thelma Moss）是知名的「克里安照相術」工作者，此照相術能記錄物體所散發的輻射，或高頻電場物體周圍的氣場，如指尖附近。她拍了一些十分著名的照片，顯示樹葉被剪成兩半後仍存在的能量體。最後，甚至連針灸也在美國的健康醫學界占有一席之地，還有許多醫師正在學習針灸技巧——即便傳統的主流醫學向來不承認機械、電子或化學能量之外的其他能量。

整體醫學與傳統主流醫學不同，它在人類意識本質這個不同的脈絡中運作，強調的是**「療癒」**，而非**「對治」**。雖然它看似與科學近幾十年來在理論上的突破沒有明確關聯，但無論是醫師、另類專業治療師或業餘治療師，也無論他們所用的方法有多大的不同，這些整體健康醫護者所採用的另類療法皆有一個共通點：所有的整體療法技巧，其基礎都是去影響那些圍繞、流經、制約人體的**能量場**，而不是原生質之類的東西。

在醫學領域之外，我經常提到的十二步驟自助運動所獲得的空前成功，也印證了療癒可以透過修習**「意識的原則」**而達成。如同榮格在他治療羅蘭時所言，從絕望狀態中康復的能力，明確存在於高等意識領域之中——我們也見到了，羅蘭後來成爲全球性戒酒無名運動這一長串療癒過程中的第一個環節。榮格給羅蘭的康復希望，也就是與開悟的轉化十分類似的深刻靈性體驗，正是戒酒無名會創辦人比爾所獲得的訊息要點。值得注意的是，比爾將無名會描述爲「心的語言」。

❖❖❖

在人類智慧的理論與應用上開疆闢土所噴發的火花，有一個共同的會合點——或者說得更正確一點，是它們共享一個共同的根源。比爾從絕望深淵所獲得的啓示，並非來自任何概念化的理性思維，或任何其他專注於小我的內省，而是源自跳躍至高等意識，從「小我」轉移到「無限光明與力量的存在」。這種轉化經驗已幫助數百萬人康復，而這個事實只不過是測定值600或以上的能量場具有強大力量的證據——那正是意識經驗從有形跨越至無形的點。

這個無形的力量，即是全球性十二步驟自助運動及其數百萬康復案例之基礎的「更高力量」。所有這些開枝散葉的智識探究不是向前突飛猛進，而是向後回歸至那同一個力量泉源。那是純粹意識本身的力量。

第二十二章

靈性進化

Spiritual Struggle

理性，這個將我們從低等本能的需求中釋放出來的偉大解放者，也是一個嚴厲的看管者，防止我們逃脫至高於並超越智識的層面。對於沉浸在等級 400 多的人而言，理性本身成了一個頂蓋，一個阻礙靈性進化的天花板。努力克服這道障礙是靈性奮鬥上最常見，也通常是最漫長的過程。

我們可以從目前對意識的理解來重新詮釋人類在靈性上的奮鬥與努力。被形容爲「如是」「存在」，或「我是」的純粹意識，代表著存在的**全體**，意即所謂「神」「上帝」或「神性」的無限潛能、力量與能量來源。在這潛能之中，「未顯化」成爲了「顯化」，如同能量場測定值高達1000（最高值）的神聖化身（例如耶穌或佛陀）。這些人設定了力量無比巨大的吸引子模式，因此頭腦（擁有全像能力來回應吸引子場域的頭腦）完全受他們支配。

意義較小，但依然力量強大的是那些教導人們如何領悟「大我」的「平凡」開悟導師。「大我」一直以來都被開悟的人形容爲無限、無形、永恆不變、遍在的。它是「一體性」「整體性」、一切存在的「神性」，與造物主同一，在人類領域中的力量是巨大無比的吸引子能量場，這能量場允許、涵括所有的差異（自由意志），以致一**切道途終歸向「我」**。我們的研究發現，探討這一主題的教導或其他作品，測定值通常爲700。

在600的能量場，一般的思想將止息。它超越了時間的線性過程，存在被觀照爲**「了知」**、遍在、非二元對立的。由於存在毫無局域性，「你我」之分的二元性，以及隨二元對立而來的分離幻覺也消失了。這是超越一切了解的寧靜狀態——或說是無限、無條件的愛。它無所不包、無所不知、無所不在、無所不能，與「大我」了無差別，而大我即顯化與未顯化的合而爲一的覺知。

眞正的靈性狀態可說是在測定值約500（愛）時出現，然後無盡延續。測定值位於500多接近600，以及600至700之間的老師，經常被認定爲聖者。他們的意識狀態常被形容爲「崇高」（莊嚴）境界。

由高等狀態跌落、上癮下墜，以及意外的突破

未開悟的追隨者與能量場測定值高於550的老師在一起時，經常體驗到自己也進入此崇高境界中——這是一種由強力吸引子場域所主導的「帶動過程」。除非此追隨者本身達至更高的覺知等級，否則這種狀態在老師的強力能量場之外是無法持續的。資深的求道者常在接近開悟時反覆進出「神性存有」，這種由較高狀態跌落的經驗在東、西方的文獻裡都被稱爲所謂「靈魂的苦悶」。

靈性修行就如同其他高強度活動（如體育活動），可以是很艱鉅的，而且時常必須爲此任務培養特定工具，包括專一的決心與高度的專注力。內在工作的困難在於必須付出相當大的努力跳脫自己熟悉的低吸引子場域地心引力，提升至一個較高場域的影響範圍內。爲了讓這個奮鬥更容易，所有的宗教都設下限制，不讓自己曝露在較低的能量場中。而這樣的過失行爲，只有在權力主義者的眼光裡才會成爲「罪惡」。較自由寬容的觀點，會接受一個人徘徊在低能量場的行爲，並視之爲可原諒的「弱點」。

事實上，能量場低於200的態度、情緒及行爲特徵，通常會阻礙靈性經驗的發生。許多靈性修行傳統所熟悉的**「脈輪」**系統，幾乎與我們的研究得出的「意識地圖」一致。等級600與頂輪對應，等級500則對應心輪，200及以上則對應太陽神經叢——而屬於較低等級的態度，以及惡意、欽羨、怨恨、嫉妒等則與脾有關。海底輪與動物性求生本能，以及沉溺於阻礙靈性發展的事物有關。因此，所有

的靈性教誨都建議人們遠離「世俗事物」，避免對性或金錢的執著。

低等領域也是上癮行為的中心，一個人很容易在任一個較低等級中定型。幾乎所有這些能量場及其相關行為都造成了特定的自助團體，而他們都同意，缺乏靈性脈絡，康復幾乎是不可能的。一般而言，在提升意識的課程裡，有一個共通的格言是：**除非一個人說實話**，否則將不會產生力量。所有以靈性為基礎的自助團體都要求學員做到這第一步：他們必須一致同意，相信以一顆開放的心和願意改進的意願是療癒過程的先決條件。換句話說，一個人的意識發展必須來到等級200的能量場，才能夠康復。在低於200的能量場中徘徊是很危險的，可能使人捲入無法跳脫的深淵。

然而，事情也並非總是如此：歷史上記載過許多事例，描述一個人突然從無盡深淵中一躍而起，進入了高等意識狀態。這類意外的突破偶爾也可以在現代社會看見。如同我們先前看到的，這就是發生在比爾身上的事，他的突破也促成了戒酒無名會的創立。這種經驗的典型特徵似乎是意識的完全轉化、從低等吸引子能量場中解脫，以及突然跳躍至高度覺知中（這類經驗在戒酒無名會成立早期十分普遍，當時的會員通常都是奄奄一息的人，但是卻沒有發生在處於「底部頂端」的會員身上——這些人占今天無名會成員的大多數）。

能量場的同化與異化作用

高等能量場的影響力或帶動能力對當事人具有「同化」或促進成長的作用，而低等的吸引子能量場也具有「異化」或破壞作用。當今文化最普遍的例子就是某些暴力流行歌曲的不良影響。在我們的測試對象中，龐克搖滾、死亡搖滾及幫派饒舌等音樂讓每一個受測者都變弱，印證了戴蒙博士先前的觀察。在一項針對學生所做的研究中（發表於一九九四年七月四號出版的《亞利桑那共和》雜誌），北卡羅萊那大學的詹姆斯·強森博士發現這類饒舌音樂會增加對暴力的容忍度與傾向，同時提倡物質主義，並降低對學業與未來成功的直接興趣。

治療團體與臨床上有個現象：有毒癮者若繼續聽重金屬搖滾樂便無法康復——事實上，亞利桑那州的凱莫貝克醫院分院瑟多納村，針對住院與門診的古柯鹼毒癮者所做的一年追蹤研究指出，沒有任何一個繼續聽這種暴力、負面音樂的吸毒者康復了。爲吸毒者成立的自助團體皆建議避免受到這種與舊有生活方式相關的影響（也就是這種能量場）。這些吸毒者發現，離開毒品還不夠，因爲那只是處理毒癮的A→B→C而已。若他們無法下定決心離開該能量場的影響（其中的音樂就像毒品一樣，只是能量的具體顯化），就無法跳脫低能量吸引子的帶動，也就是毒癮的ABC。

離開自助團體能量場的戒毒者，許多都不出所料故態復萌。除了放棄置身團體成員的合作力量之中，他們「可以獨自應付一切」的堅持也是未來毒癮復發的典型徵兆，因爲那代表受到自大與驕傲的影響，而這兩個特質的測定值爲175，遠低於康復所需要的能量場強度。

當然，同樣的原則也可以反向運作。追求開悟也就是追求受最強大吸引子能量場的帶動。而關鍵同樣是「意願」，一個不斷重複做出的選擇。在此，「初始條件敏感依賴性」的混沌理論原則即能針對傳統的靈性過程提供科學解釋。在所有的靈性修行傳統裡，被認定爲提升個人覺知的鑰匙，即被形容爲「意願」。歷史告訴我們的也和臨床上的發現一樣：持續的意願是啓動全新吸引子能量場並讓一個人離開舊有能量場的開關。我們可以想像有個較小的吸引子能量場正在接近一個較大的能量場，這時，突然出現一股第三勢力（自由意志，選擇與進化的決定性影響力），它創造了一個交叉，於是，改變開始發生了。

在東方的靈修傳統裡，普遍的觀念是：若沒有靈性導師的幫助，修行者單獨一人不可能有長足進步；戒酒無名會的經驗則是，一個眞正的酒癮者，若沒有贊助者的幫助是無法康復的。在體育界，人們積極尋找偉大的教練，因爲他們的影響力能啓發最大的效果。一個修行者唯有專注在一位高階的老師身上，藉此與老師的能量場起共鳴，才能幫助自己進步。在我們的測試中，心裡想著一位高階的靈性導師形象會讓每一位受測者變強，無論他個人的宗教信仰爲何，這種現象將不斷重複出現。

我們只是更高力量的管道

在追求個人轉化的靈性成長與修行中，改變的媒介永遠超乎追求者個人的力量所能掌控。如聖方濟等偉大的聖者，通常都宣稱自己只是更高力量的一個管道——他們對自己所達成的境界不居功，反而將之歸功於恩典。這個將人作爲工具使用的例子，說明了從低等覺知來的新進成員，將自己曝露在高等覺知的影響之下，因「滲透作用」（帶動）而獲得轉化的過程。即使是偶然的觀察者也經常提到：清楚地被一股無形力量所轉化的人身上，顯然缺乏媒介。

因此，每當有人突然從低等吸引子能量場的影響圈跳躍至高等能量場，通常都會被稱為「奇蹟」。人類經驗的不幸結論是，極少數人能夠跳脫逐漸主導他們行為的能量場。目前有一個設計來協助人們跳脫、十分受歡迎的靈修課程，稱為**「奇蹟課程」**。這個靈性心理學的課程鼓勵人們徹底改變自己的感知，以必要的基礎工作做好準備，才能迎接突如其來的意識跳躍。在較傳統的形式中，祈禱與禪修亦能將人們帶到跳躍的那一個點上，從低等能量場跳躍至高等能量場。

理性是靈性進化的障礙

能量等級提升至500及以上的醫師，將成為力量強大的治療師，也能獲得他人望塵莫及的治療成效（因此在雙盲研究中出現了許多相互矛盾的數據）。這種無法解釋的差異顯示有一種不能以醫學常規與因果關係來解釋的力量介入其中。在全像的世界裡，任何「單一」事件都是宇宙間所有事件導致的結果，這樣的「事件」並無獨立存在的現實。宇宙**就是**人的意識——它是超越智識理解的。

人類在理性上的成就是文化史上的偉大里程碑，它讓人類成為外在環境的主人，而且在某種程度上，也在物質層面成為內在環境的主人。但是理性有其限制，而且還不止一個：等級400的智識才情在等級300的人眼中雖光彩奪目、令人欽羡，但是對已超越此等級的人而言卻是黯淡無光的。從較高的觀點來看，再清楚不過的是，理性因過度迷戀自己而變得冗長乏味、膚淺瑣碎。理性是頭腦的一面虛榮的鏡子，畢竟，在我們所見的事情中，很少比自我迷戀這件事更無聊了。

理性，這個將我們從低等本能的需求中釋放出來的偉大解放者，也是一個嚴厲的看管者，防止我們逃脫至高於並超越智識的層面。對於沉浸在等級400多的人而言，理性本身成了一個頂蓋，一個阻礙靈性進化的天花板。令人驚訝的是，歷史上竟有這麼多大名鼎鼎的人測定值爲499——笛卡兒、牛頓、愛因斯坦，以及其許許多多人——這是個膠著的點，一道巨大的障礙。努力克服這道障礙是靈性奮鬥上最常見，也通常是最漫長的過程。

我們也曾聽過完全沉浸於理性等級的傑出科學家突然出現突破，躍升至總體的全領域的例子。靈性世界與非確定性科學、非線性系統的世界是同時發生的，如同我們一直試圖說明的。我們的研究與這份報告的目的，事實上就是爲了協助那些被線性模式所主導並習慣於「左腦」模式的人，讓他們更能夠以理性來識別靈性現象。或許，我們所建立的這份意識解剖圖，能夠說明**創造的力量是由上而下進行的，而非由下而上**，因而或多或少闡明了究竟因果關係的本質。

不過，我們衷心希望避免教條式的闡述，而是能夠在讀者自我發現的過程中助一臂之力，因爲我們希望探討的不只是那被讀者認定爲理性自我的虛構之物，而是他的整個意識。在我們的研究裡，對刺激物做出反應的是整個人。雖然受測者的腦袋可能沒有察覺到正在進行的所有事情，但他的整體存在必定知道，否則我們的發現便不會如此一致。這提醒了我們高階靈性導師過去的觀察——追隨者要去發現的只是……他原本早就已知道的事情。

第二十三章

通往終極眞相的溯源之路

The Search for Truth

本書示範的研究方法所偵測到的眞理，是從終極的源頭取得有效性。它既不尊崇你的性格，也不在乎你的意見，更不會隨著受測者的情況或環境而改變。

爲了讓每天順利運作，眞理即是在一個人目前的感知等級上具主觀說服力的任何東西，這麼說或許乍聽之下有些諷刺，但我們卻必須承認。在低等意識能量等級，甚至不合邏輯、沒有根據，既無法在理智上加以證明，也無法實際說明的原則與見解，也會被接受爲眞理。這種現象並不只發生在極端主義者身上：以地方而言，清白的人因證人明顯不合理且帶有偏見的證詞而被定罪、被抓去坐牢，這種事發生的機率遠比我們願意承認的還要高。以全球而言，連年戰火的基礎（如東歐斯拉夫語系國家與中東的戰爭）竟是以復仇捍衛正義的瘋狂信念，這幾乎保證了無止境的衝突。

在極少例外的情況下，即使表面上代表著「和平之君」耶穌基督的宗教，也從未禁止戰爭或在「正當有理」的情況下殺人——此處的「正當有理」，當然，是對那些殺人者而言，他們的受害者可能並不贊同此正當性。這種與其信仰的潛在原則背道而馳、自相矛盾的行爲著實令人驚訝，但若用臨界因子分析針對長期以來靈性教誨的進化（或退化）進行測定，或可窺其一二。讓我們從這個新的角度來看看世上主要的宗教教導。

基督教

耶穌基督的原始教導，眞理等級的測定值爲1000——在此階段所能獲得的最高等級。到了西元二世紀，對此教導實踐的眞理等級已跌至930，到了西元六世紀則是540。到了西元十一世紀的十字軍東征時代，已衰退至目前的等級498。西元三二五年出現的重大衰退，顯然是因「尼西亞會議」對教導錯誤詮釋的傳布所造成的。研究宗教歷史的學生會發現，在保羅、康士坦丁、奧古斯丁等人出現的之前與之後所得到的測定值，呈現了一個有趣的現象。

我們應該注意，蘭沙（Lamsa）譯本的《新約聖經》（譯自亞拉姆語）測定值爲750，而英王詹姆士一世所欽定的譯本爲640。正因爲不同譯本間的眞理等級不一，所以各個基督教派的實踐方法才有如此大的差異。最主要的教派如天主教、英國國教、基督科學教會（以及許多較小支派，如貴格會〔即教友派〕等），測定值爲500多接近600的範圍。至於特殊詮釋，如當代的「奇蹟課程」或十四世紀艾克哈的神祕主義，測定值爲600。然而，在伊斯蘭教方面（見稍後的討論），抱持強烈反動之政治主張的極端基本教義派團體，測定值可低至125。

佛教

佛陀教導最初的眞理等級也是1000，到了西元六世紀，修習該教導的眞理等級降至平均900。以下這些教派的衰退程度比其他任何宗教都要少：小乘佛教測定值仍爲890，大乘佛教測定值爲960，禪宗則爲890。

印度教

克里希納所傳遞的教導測定值爲1000，雖然隨著時間而衰退，但目前的實踐方式測定值仍有850。

猶太教

亞伯拉罕的教導測定值爲985，摩西時代的宗教實踐測定值爲770——這也是《摩西五經》的數值。現代猶太教的測定值爲499。「卡巴拉」教義爲720，其中的〈光明篇〉則爲730。

伊斯蘭教

穆罕默德的意識能量等級測定值爲740，《可蘭經》則爲720。伊斯蘭信仰的核心是表達慈愛的接受與內在的平靜，但其實踐教條的進化過程，從一開始就以「聖戰」或宗教戰爭的形式和領土擴張的政治主張糾纏不清。至十字軍東征結束時，伊斯蘭教義的眞理等級已嚴重衰退。在現代社會，狂熱的國族宗教運動大行其道，偏執與仇外的特質已急速腐化此信仰的靈性本質。目前，激進好戰的伊斯蘭基本主義教派，其教義的眞理測定值是130。

靈性瘟疫

檢視世上主要宗教在眞理等級上的衰退狀況時，我們注意到，最「陰性」的宗教在歲月荏苒中，能夠保持相對純淨的狀態，而那些較爲「陽性」的宗教（涉入較多世俗事務）則顯著降格，直到最具攻擊性的宗教裡最激進的極端主義分子眞的沉淪至正直等級200這個臨界點之下。教義越是二元論，似乎就越容易遭到錯誤詮釋。二元論引發信仰與行動上的分裂，以及眞理等級上的扭曲。發生這種情況時，靈性本質便可能會在翻譯過程中被誤解，而成爲實際上的行爲。因此，概念上的基督戰士（指精神戰士）經過扭曲的「字面」翻譯，便成了自以爲是的戰場殺手。

印度教徒並沒有掉入混淆詮釋層面的錯誤裡。《薄伽梵歌》開場所描述的戰役，從未被錯誤詮釋，說聖主克裡希納教導信徒投入實際的戰爭。佛陀的見解——一切苦的根源是無知（無明），那也是唯一可能的「罪惡」，一個人的責任就是對他人心懷慈悲，爲他們祈福——這樣的教導是不容易受到扭曲的。

所有崇高靈性教導的衰落，在於受到開悟程度較低者的錯誤詮釋。每一個意識能量等級都已預先定義了它在感知與理解能力上所受到的限制。除非一個人自己先開悟，或至少體驗過高層次的意識，否則所有的靈性教導仍將僅止於傳聞，也因此容易受到扭曲與誤解——經文可以被引用來合理化任何立場。打著「正當」旗幟的人總是很危險，因爲他們的認知是失衡的，他們對道德暴力也理所當然顯得冷淡。在任何宗教之內，基本教義派的測定値總是最低的，經常與犯罪在同一意識能量等級上運作。他們的特徵就是自我中心的極端主義，以及非理性。但是人類有八五％的人口測定値低於臨界等級200，因此錯誤很容易廣爲傳播，並在全球迅速被接受。

邪教擴張迅速，因爲一般大衆對分辨眞假虛實並無任何客觀標準。利用本研究的工具，我們便可以將任何測定値低於200、自稱爲靈性運動的活動定義爲「邪教」。如同以上所見，邪教不只是一個孤立、叛教的現象，也是世界主要宗教之內蓬勃發展並且被容許的支派團體。他們不僅扭曲教義，而且顚覆宗教目的。

邪教一點都不需要像正式宗教。當然，最終極的邪教就是反宗教，也就是以「反神性」爲基礎的所謂「撒旦教」。它沒有明確的教義，因爲它是透過與良善原則的對立、相反面來定義自己——在某種形式上，它一直與我們同在。有上就有下，因此有明就有暗——人類以社會性組織追尋眞理，以及他對臻至更高靈性層次的努力，總也意味著社會上同時存在著有組織地傳播謊言及屈服於最低等能量場的現象。事實上，若檢視反宗教的本質，會發現它顯示了負面能量場的強大破壞力量。不幸的是，這樣的例子唾手可得。

撒旦教的外在標誌已變成了青少年流行次文化的一種時尚，它最主要的傳播媒介是一些公開的音樂類型。但是內在原則是隱藏在外在標誌之下的，而內在原則會產生吸引子能量場。對於在都市地區執業的臨床精神病學家而言，這種後果他們再熟悉不過了——能量場的破壞力就像疾病一樣迅速傳播。受害者對善惡的分界變得麻木不仁，出現了臨床上可檢驗出的價値觀顚倒現象。熱衷此道者被發現出現經絡系統「熄滅」的現象，而且因爲相關音樂所重複出現的負面模式，大腦的兩個半球也出現失調反應——事實上，最終結果是造成催眠的恍惚狀態，而聆聽者在這狀態中對歌詞的暴力與下流暗示具有高度接受性。在這個意義上，這些孩子名副其實遭到了奴役，而且之後也具有突發的非理性破壞傾向，而他們卻眞的「不知道爲什麼」自己會做出這些催眠後暗示的行爲。這種影響力是持續不散的。

即使是在音樂停止許久之後，身體與免疫系統仍將持續變得虛弱，而且會出現相反的肌肉動力學反應：讓正常人變弱的負面刺激會在這些人身上測出強反應，讓正常人變強的刺激則測出弱反應。由於沒有覺察到自己已成了強大負面能量場的受害者，沉浸在此文化的成員，陷入了超乎他們理解，有時更令他們無法逃脫而只能屈服的外力當中。受制於這種身體、情緒、性方面虐待的少年，大腦可能會受到永久損傷，令神經傳導素失衡，成年後將容易抑鬱，並習慣性尋找虐待自己的伴侶，而必須無止境地與自己的自殺傾向搏鬥，而這傾向其實是催眠後暗示的一種殘餘形式。

我們可能會想要否認，這讓我們想起「黑暗時代」的靈性瘟疫，竟仍在我們已開化的社會造成傷害，但是這種墮落的影響不會在道德真空的狀態裡運作，但若不是社會母體已經包含供它們成長的條件，它們也不會出現。我們這道德嚴謹的社會，其中的矛盾就是它鼓勵持續不斷的引誘，卻否定人性的滿足，因此，找不到正常出口所造成的持續挫折感，最後只好從墮落的出口釋放。若仔細觀察，我們會發現所謂的「文明」的要素，事實上卻滋養著這種「墮落」，讓它不斷發生。

憂鬱症是褻瀆生命的精確反應

年輕孩子的腦袋被頌揚暴力的電視與電玩設定了程式，而他們的父母也受到成人媒體的洗腦。肌肉動力學測試顯示，一個相當典型的普通電視節目，讓受測者在僅僅一集的節目中就變弱一百一十三次之多。每一次變弱，受測者的免疫系統都會受到抑制，也反映出看電視的人中央與自律神經系統受到刺激。毫無例外的是，在這一百一十三次經絡系統受干擾的情況中，每一次都同時出現胸腺受抑制的情況。每一次的刺激也會傷害大腦精微的神經激素與神經傳導系統。每一個負面訊息的輸入，都讓觀看者往未來的疾病與憂鬱更靠近一步——而憂鬱症，是當今世上最流行的疾病。

因變化細微的憂鬱症而死亡的人，比因人類其他所有疾病加起來而死亡的總人口還要多。沒有任何抗憂鬱劑能治好靈性上的憂鬱症，因爲它不是大腦功能失調引起的，而是褻瀆生命的精確反應。身體正是靈性或精神的物質表現與反映，賦予它生命的是靈性，它的問題也是靈性搏鬥的戲劇化展現。我們歸因於「外在」的信念，對「內在」也有其效果。每個人都是死在自己的手上——這是個不容懷疑的臨床事實，而不是道德觀點。

絕對善惡論的道德陷阱

試圖強化標準，形成絕對的「善」與「惡」，其實是最大的道德陷阱之一。如果不將事情道德化，我們能簡單地宣稱，測定值高於200的任何東西都是支持生命的，因此可能在功能上可定義爲「善的」，而低於200的則是破壞性、不支持生命的，也因此在功能上可被稱爲「惡的」。透過測試，我們可以證明錯誤的假設，例如「爲達目的可不擇手段」在作用上是邪惡的，但這在人類行爲上卻常被接受爲正當合理，從商業上的小過失至戰場上的重大暴行皆然。諸如此類靈性上的模棱兩可，終究造成了功能上的善與惡之間無可挽回的困惑，也一直是人類社會的致命弱點。

因缺乏識別能力而顚倒眞假的過程，也爲世上主要宗教的衰落提供了媒介。測定值低於500的宗教可能宣揚愛，但他們卻無法眞正實踐愛。而一個鼓勵戰爭的宗教系統，若沒有那令許多誠實的人變成無神論者的公然僞善，便無法宣稱自己在靈性上的威信。

集體而言，當社會分辨吸引子與模仿者，或感知不同意識能量等級之微細差別的能力變遲鈍之際，是最脆弱的。因此權力濫用變成了法律，政治激進分子也能以自認正當的口號說服人民。暴力的孩子成了社會的犯罪者，因爲一個社會若是迷惑的，失去用以保護自己意識的辨別能力，也就不能期待它能保護年輕孩子。

一個人的意識能量等級是由他所奉行的原則來決定。要在意識上力求進步，便不可在原則上搖擺不定，否則便會掉回較低的意識能量等級。權宜的做法從來就不成正當理由。如果殺人是錯的，這樣的原則便**不容許**有任何例外，無論將這例外正當化的理論在情感上多麼煽動性十足。因此，一個容許死刑的社會永遠都會有謀殺的問題——**這兩者都是同等級的感知所製造的產品**。畢竟，對殺人者而言，殺死被害者也是能以正當理由解釋的例外。

原則一旦遭到破壞，它的突變形式便像癌細胞一樣擴散、蔓延。一個支持殺戮的社會（無論在戰爭中，或透過警察、刑罰系統執行）是無法同時有效阻止「犯罪性」殺戮的。殺人就是殺人，這是個無法逃避的事實。殺人與否的決定，是通往眞實心靈力量路上的基本議題，但世上八五%的人，或說這些人的政府，甚至都尙未開始適當處理這個基本步驟。「可可」是一隻住在靈長類研究中心的著名猩猩，與心理學家共同工作了好幾年並學會一套複雜的手語字彙，牠坦率、熱情、聰明，而且値得信賴，她的正直度測定値爲250。因此，跟猩猩可可在一起，要比跟地球上八五%的人類在一起要安全得多。

人類的「靈性之眼」受損，導致對道德觀認識不清、對眞理視而不見——這折磨著世上仍徘徊在正直等級之下的八五%的人口。人類整體而言遇到的最大問題，就是如何療癒這靈性眼盲。「是非對錯」的問題總是顯得更爲急迫，也總是主導著社會的焦點，然而，它只是一種基於低等意識的感知作用。小孩子必須被教導，危險的行爲是「錯的」，但是當他們漸漸長大，就應該以識別和洞察能力取代道德主義。殺死其他人類是否有錯，在較低等的意識等級可能是個道德上的兩難，但是在較高等級上，這個問題本身就是可笑的。也因此，約定俗成的道德律只是高等意識功能的臨時替代品。道德主義是二元論的產物，在意識能量等級提升至500以上時就變得無足輕重，而在等級600，更是完全不虔敬的。

光是要讓一個人以理性爲主來運作，便需要在意識上出現重大進展，達到等級400——這是個在社會上發揮強大力量的等級，佛洛依德、愛因斯坦及笛卡兒的測定値是499，這是人本主義的等級。然而，理性極易因自我耽溺而迷失方向，長久以來，它從未提供人類任何可靠的道德，甚至智識上的確定性，反而一再將我們從無知的混亂裡帶往同樣令人迷惘的大腦迷宮。在這個充滿困惑的世界，我們迫切需要一個可靠、正確、能夠客觀驗證的量尺來測度眞理。但願本書所呈現的工具能發揮此功能。人類集體意識中所增加的任何眞理影響力，都讓我們更有理由對此懷抱希望，不至於無可避免地掉入對前景的悲觀看法。

一個神性化身，足以抵消全人類集體的負面能量

我們已確立的是，意識能夠分辨任何能量的改變，達至 log 10-8的程度。這表示全宇宙沒有任何事件是意識細膩的敏感度無法偵測的。人類思想的能量雖然十分精微，卻絕對可以測量。從100的意識能量等級所發出的思想，通常測量值爲log10-800000000 到 10-700000000 微瓦之間，而一個來自意識能量等級500的愛的念頭，測量值大約是log10-35000000 微瓦。

儘管全球人口中只有十五%的人意識達到臨界等級200以上，但是那區區十五%的人的力量，已足以抵消（制衡）其餘八五%人口的負面能量。因爲力量的尺度是呈對數進階的，因此，只要有一個意識能量等級1000的神性化身，事實上已足夠完全抵消全人類集體的負面能量。肌肉動力學測試顯示了如下表格的數值：

一個等級 700 的人	可抵消	七千萬個等級 200 以下的人
一個等級 600 的人	可抵消	一千萬個等級 200 以下的人
一個等級 500 的人	可抵消	七十五萬個等級 200 以下的人
一個等級 400 的人	可抵消	四十萬個等級 200 以下的人
一個等級 300 的人	可抵消	九萬個等級 200 以下的人
十二個等級 700 的人	等　於	一個等級 1000 的神性化身
目前地球上有十二個測定值爲 700 的人		

若不是有這些抵消的力量，人類將因無力制衡那巨大的負面能量而自我毀滅。一個愛的念頭（$10^{-35000000}$ 微瓦）與恐懼念頭（$10^{-750000000}$ 微瓦）間，在力量上的差異巨大到超乎人類想像力所能理解的地步。然而，我們可以從上面的分析看到，即使一整天裡只有一點點愛的念頭，也遠遠足夠抵消我們所有的負面念頭。

絕對眞理

如同我們說過的，從社會行爲的觀點而言，眞理是人們賴以生活的一套原則，無論他們說自己相信什麼都無所謂。我們也看到了有一種不同的眞理——主觀、運作性、假設性的，以及智識性的——會由此產生實際數據。這些眞理的合理性是依當時感知等級的脈絡而定。眞理除非具有意義，否則就不起作用，而意義就和價值一樣，依賴著一個獨一無二的感知場域。事實與數據資料或許在某個等級很有說服力，到了另一個等級卻完全無關。所接收到的資訊，在功能上的有效性也隨著接收者的智識程度與抽象理解力而有所差異。要能夠運作，眞理必須不只是「眞實」，還必須是可知的，然而每一個等級的眞理對較低等級而言卻是不可知的，在自己的領地之外便失去了有效性。因此，我們可以下結論：目前我們知道的所有的眞理等級（在普通的人類功能範圍之內），都是「從屬眞理」（相對眞理）的範例，其眞實性完全依當時的一套參數而定。即使是我們所尊敬的「科學眞理」，也是由條件所定義的，因此也常出現爭議與錯誤。統計上的推論已經成爲一種宣傳工具，而且透過統計上的扭曲，任何事都可以證明爲任何事，因此統計也失去了我們的信任。

那麼，非個人、不受個別情況或脈絡影響的眞理是否存在？

眞理，藉由本書所示範的研究方法所偵測到的眞理，是從終極的源頭取得有效性，遠遠超越任何局域性感知場域的影響。**它既不尊崇你的性格，也不在乎你的意見，更不會隨著受測者的情況或環境而改變。**

無知不會因攻擊而退讓，卻會在光明下消散，而沒有任何東西能像揭露眞理這個簡單的動作一樣，如此迅速地將謊言消融殆盡。這世上唯一一個增進個人力量的方法就是增進自己的誠實正直、了解，以及慈悲的能力。如果人類各族群都能有如此的領悟，就能確保人類社會的生存與幸福。

對一個人生命中的眞理負起責任，首先獲得的效果就是將低能量等級提升至200，這是眞實的力量首度出現的臨界等級，也是通往所有較高等級的踏腳石。面對眞理的「勇氣」終將導致「接納」，在等級350的地方，更大的力量將生起。在這裡，已有足夠的能量解決人類大多數的社會問題。而這又引發更大的力量出現在等級500——也就是愛的等級。知道自己，與其他每一個人的人性弱點，讓我們生起寬恕之心，接著生起慈悲之心。慈悲是個入口，它通往恩典，通往明白我們是誰、爲何在此的究竟了解，也通往一切存在的終極源頭。

第二十四章

解答

Resolution

人的集體意識能量等級已經來到 200 以上，在這個點上，我們甚至能夠承擔管理意識的工作。人類已不再屈從於被動爲無知付出代價了，否則共同意識不會提升至如今這個新層次。從現在開始，人可以對自己的意識與行爲更加負責，展現心靈能量了。

資料顯示，完全吸收本書所呈現的內容，平均能提高一個人的意識能量等級三十五分。由於地球上的人類平均一生的意識進展只有五分，因此這種個人覺知上的提升能帶來巨大利益。此外，高等理論物理與非線性動力學顯示，任何個人的提升亦將在某種程度上提升地球上**每一個人**的意識。

變得更有意識，是一個人能給予這世界的最美好禮物，而且，透過漣漪效應，這份禮物將回歸至出發的源頭。雖然人類整體上的意識能量等級數百年來都停留在危險的190，但是在一九八〇年代中期卻突然躍升至充滿希望的207。人類歷史上頭一次，可以在現有的這個安全基礎上繼續向上爬升……而這個新希望，來得正是時候。

現在，我們探討過的許多主題都受到媒體的熱烈討論：（一）宗教的顛倒墮落導致政治上的野蠻凶殘；（二）犯罪日益惡化；（三）孩童涉入暴力行爲；（四）政治上的道德困惑；（五）邪教的怪異暴力行爲。這些議題在一片充斥著謊言的背景中浮現，社會在處理個人與集體對同胞應負的責任上顯得過於敏感、缺乏共識。

社會的彷徨困惑與癱軟無力，源自於缺乏下決定所需的指導方針。但願本書能以這一篇實際上是探討「道德」科學的文章，對塡補這個空缺有所貢獻。在此我所謂的「道德」，不是指狹隘、是非對錯式的道德裁決，而是能夠同時在客觀**而且**個人的基礎上，針對我們生活中的最高行爲指導做出決定、進行評估。

在社會架構下，我們當然可以選擇拒絕消極服從任何低於等級200的政治體制，反之，我們應該將自己新獲得的檢視與糾正技能運用在這個體制上。舉例來說，現在已經可以針對公職人員選舉建立一個清楚的標準。每一個政府單位都必須符合特定的最低覺知等級標準，才能有效運作。一般而言，任何低於等級200的政府官員非但無法解決問題，還會製造問題。

更大的社會問題是，在人類行為黑暗面的籠罩之下，個人如何保有慈悲心。這是個相對的世界，每個人都根據自己那一層次的眞理來行動，而且相信自己的行為與決定是「對的」——就是這個「對的」，讓盲目的狂熱分子變得如此危險。然而，對社會眞正危險的不是這種公然的偏執，例如白人至上主義者（測定值為150），因為那種傷害至少可以受到監控。對社會極度危險的，是暗地裡攻占人們心靈，無聲亦無形的潛移默化。在這種過程中，負面吸引子能量場被花言巧語和象徵操作所掩飾。此外，破壞我們意識的並不是外在的負面訊息本身，而是隨之而來的能量場。

人類缺乏分辨眞假虛實的能力

如果我們測試一些書，就能輕易發現許多宣揚偽哲學的大眾書籍是極端負面的。這些書被閱讀時啓動了無形的能量場，帶動了不知不覺的潛移默化作用，而我們即使已被事先警告也無法加以防衛、對抗。你可能會想，可以在知識上拒絕這些內容而讓心靈保持獨立自主，然而只要曝露在這些內容之下，就會深受其負面影響，而且即便你在知識上拒絕這些內容，它的影響仍會持續發揮作用。

那就好比在這些負面能量場中藏著一個病毒，偷偷侵略我們的心靈。

此外，當我們遇到帶有某些心靈智慧色彩或宗教性的內容時，就變得較為鬆懈，我們忘記了，每一個人類所能犯下的重大惡行，向來都是以神之名幹的。儘管暴力的邪教明顯令人反感，但隱藏在虔誠面具下的信念系統，其實更加陰險狡猾，因為它們是透過無形吸引子能量場無聲無息的帶動作用[1]來腐化你。

在此，最好聽從古老智慧告訴我們的：不要懼怕邪惡，也不要與之搏鬥，只要避免之。然而要做到這一點，一個人首先必須要有辨識邪惡的能力。蘇格拉底曾說，若沒有這種能力，青少年（包括每一位成年人內在一直住著的那個青少年）將會被低能量吸引子場域所腐化。儘管蘇格拉底因為試圖教導這種辨識能力而被處死，他的呼籲仍迴蕩著：「晦澀不明透過論說明辨之光而驅散，而**不是透過打擊黑暗**。」那麼，最後一個問題就是：如何培養並保有道德明辨的力量。

這一條探索之路終於引導我們來到最關鍵的領悟：**人類缺乏分辨眞假虛實的能力**。

若能謙卑接受這樣的覺察，許多人就能預做準備。承認自己容易受騙、輕易被感官引誘、被表面絢爛的魅力所迷惑（包括智識上的魅力），至少是明辨的開始。幸運的是，在這個二元對立的世界，人類被賦予了意識，它能夠藉著身體因有害刺激物而明顯變弱的表現，立刻偵察到具破壞性之物，然後發送信號給那相對無知的頭腦。智慧最終可歸結為「避免讓你變弱的東西」這個簡單過程——其他似乎都不需要了。

經常練習這個技巧，對眞假虛實患有靈性眼盲的現象就能逐漸被日益增長的直覺洞察所取代。有些人似乎很幸運，一出生就配備了這種先天感知能力，他們的生活也得以保持純淨，不受到負面影響力的傷害。但是對我們大多數人而言，生活可就沒那麼輕鬆了。我們耗費許多時間與精力，修復具催眠作用的破壞性吸引子所造成的傷害；從單一一種上癮症中康復，就可能需要花去大半輩子的時間——而最普遍、暗中爲害的上癮症則是「否認」，它經由智識上的虛榮讓我們變得更無知。

智識缺乏阻止負面能量場影響的力量

智識與它造成的絢爛錯覺相反，它不但缺乏辨識虛假錯誤的能力，而且即使有辨識能力，也十分缺乏防衛自己的必要力量。歷史上的智識推論性作品數量龐大，而在這種情況下宣稱人類所自誇的理性能力根本缺乏明辨的關鍵工具，是否不恰當？整個哲學領域只證明了一點：人類數千年來的掙扎和努力失敗了，我們在最簡單的分辨何謂眞、何謂假這件事情上仍無法辦到，否則哲學論述早在許久以前就該達成某種共識了。從一般的人類行爲就可以清楚看出，即便智識能得出可靠的結論，

① 帶動作用（Entrainment）：可由「鎖模」（mode-locking）原則說明的一種現象。例如，當數個時鐘被擺放在很靠近的位置時，它們的鐘擺最後將會形成同步。人類的生理學上也有類似現象，例如一群一起工作或生活的女性，生理期的週期也會逐漸同步。這個現象類似音叉的震動頻率會開始與緊鄰的音叉相同。基於這個原因，軍隊通常會在過橋的時候刻意打亂步行節奏。

它依然缺乏阻止負面能量場影響的力量。我們依然對自己煩惱的原因保持無意識，同時我們的智識也被這些同樣的外力所催眠，老是夢想著各種看似眞實的藉口。即便一個人在智識上知道自己的行爲是自我毀滅的，這樣的知識卻沒有任何遏制效果。在智識上認知自己的上癮症，從來不曾給予我們控制它的力量。

在經典文獻裡，我們被告知說人是被看不見的力量所折磨。在這個世紀，我們已知道無聲無形的能量束會從看似單純無害的物體放射出來——鐳的發現者，便爲這個領悟付出了生命的代價。X光是致命的，放射性輻射與氡也能殺人於無形，毀滅我們的吸引子能量場一樣是無形卻威力強大的，但是它們遠遠更加隱微。

當我們聽說有人「著魔了」，意思是說他的意識已被負面吸引子能量場所主導。依此定義，我們可以看到，整個社會都完全「著魔了」，它對自己的動機完全無意識。智慧箴言告訴我們，一個人要不就是崇拜天堂，要不就是崇拜地獄，而且終究會服事這兩者之一。地獄不是一個好審判的神所創造的環境，而是一個人自己的決定所造成的必然後果——是不斷選擇負面能量，而將自己隔絕於愛之外的最終結果。

人類本質中已具足讓自己獲得救贖的力量

開悟者總是形容一般大衆「陷入一場夢裡」。絕大多數人的大部分生活，總是受到無形的外力所驅使，而我們也多半對此事實深感失望。我們祈求神將罪的重擔拿走，希望透過告解獲得些許解脫感。懊悔的心情似乎交織在生活片段裡。那麼，在這種情況下，對那些不知不覺陷入這種破壞性能量圈套的人而言，又怎麼可能獲得救贖？

事實上，即使從純科學的觀點來看，救贖確實可能。事實上，愛的念頭要比負面念頭的能量巨大多了，而這個簡單的事實便是救贖的保證。因此，愛與祈禱這個傳統的解答，確實有其合理的科學根據。人類在其本質中，已具足了讓自己獲得救贖的力量。

人性是我們所背負的一種「煩惱」。我們不記得自己曾要求被生下來，隨後又繼承了一個根本無法區分何者提升生命、何者通往死路的充滿局限的頭腦。生命的一切奮鬥都是爲了超越這種短視現象。除非我們將意識提升至克服二元論並不再被世俗世界所束縛的境界，否則便無法進入較高層次的存在。或許是那企圖超越的集體意志讓我們獲得一種能力，這種能力讓我們最終能發現引領自己走出無知黑暗的內在羅盤。我們需要一個非常簡單的東西，好繞過已讓我們付出龐大代價的狡猾智識陷阱。這個羅盤只會說是或不是——它告訴我們，與天堂共鳴者皆使我們變強，與地獄共鳴者則使我們變弱。

無處不在的人類小我，其實根本就不是個「我」，小我只是個「它」。看穿這個幻覺後，一個無盡的「宇宙大笑話」於是現前，人類的悲劇也成爲這部喜劇的一部分。人類經驗諷刺的地方就在於小我掙扎奮鬥著力保那分離、個別的「我」——即便這不但是形而上的一件不可能的任務，也是所有痛苦的根源。人類窮究其理性，孜孜不倦地企圖解釋那無法解釋的。「解釋」本身就是部高級喜劇，就像企圖看到自己的後腦勺一樣荒謬，然而小我的虛榮心是無限大的，它甚至因爲這個企圖解釋那無法解釋的努力而膨脹得更大。這個與小我認同的頭腦，依其定義而言，是無法理解實相的。如果它可以，它將在認出自己的虛幻本質之際立刻消融殆盡。只有在跨出了頭腦、超越小我的矛盾之後，那「如是的」才會現前，在其無限的絕對性之中不證自明、閃耀著光芒。那時候，所有這些言語文字都是無用的。

然而，若以慈悲心的角度看待彼此的盲目，我們也許能學會寬恕彼此，未來的和平也就指日可待。我們在這地球上的目的或許仍曖昧不明，但前方的路是清晰可見的。隨著人類的意識能量等級終於來到了200以上，我們可以期待人類文化出現重大的轉變，因爲人類變得對自己的知識更加負責，也對行爲更加負責。無論喜歡與否，我們都必須負起完全的責任。我們正處於集體覺知進化之路上的某一個點，在這個點上，我們甚至能夠承擔管理意識的工作。人類已不再屈從於被動爲無知付出代價了，否則共同意識不會提升至如今這個新層次。從現在開始，人可以選擇不再受黑暗奴役，那麼他的命運就能夠確定了。

榮耀歸於至高之神。

附錄1

各章眞理等級測定值

每章的真理等級測定值	
第一章……780	第十三章……870
第二章……830	第十四章……870
第三章……750	第十五章……730
第四章……770	第十六章……760
第五章……740	第十七章……770
第六章……710	第十八章……770
第七章……740	第十九章……830
第八章……820	第二十章……890
第九章……800	第二十一章……870
第十章……780	第二十二章……860
第十一章……770	第二十三章……880
第十二章……800	第二十四章……860

附錄2

肌肉動力學測試技巧說明

科學的有效性來自可複製性。要確保測試結果能被可靠複製，我們將在以下詳細說明本書引用的所有研究中所使用的肌肉動力學測試技巧。基本上，它和戴蒙博士在其前衛著作《行爲肌肉動力學》中所建立的方法相同。

步驟一

需要人數爲兩人。欲決定受測者是否合適，施測者以兩隻手指快速朝受測者平舉手臂的手腕處往下壓，同時告訴受測者「抵抗」（抵抗下壓的力量）。正常的受測者應能抵抗此下壓力量，讓手臂保持在與地面平行的平舉高度。偶爾有些人由於先前接觸過使人變弱的能量場，或呈現負面的健康狀態，那麼這些人就不是合適的受測者。以「一、二、三」的韻律敲打胸腺（胸骨頂端），同時微笑並在心裡想著一個自己愛的人，能讓其中一些人復元。他們會「變強」，然後能夠正常反應，但這個「修復」效果可能只會持續四小時，到時候必須再次進行「胸腺敲打」。

注意事項：有些人可以用兩手的食指和拇指做成的O型指環，獨力獲得可靠的測試結果。當結果為「是」，O環會保持堅固，很難將拇指與食指分開，結果為「否」時則會相對變弱，很容易分開。若要做重要的決定，最好透過以上所述的兩人方法驗證此測試結果。

步驟二

讓測試現場保持客觀，不受個人情感影響——不要微笑或發表個人意見，讓環境保持安靜，不要有噪音、背景音樂或任何干擾，例如寵物或突然闖進來的孩童。拿掉受測者在身體中線上的任何金屬物品，例如眼鏡框等，也要脫下手錶或首飾（例如項鍊）。注意：不尋常的刺激物，如施測者身上的香水或刮鬍水，都有可能影響測試結果。為了能更專心，請受測者閉上眼睛。

步驟三

若受測者一再出現弱反應，請檢查施測者的聲音。使人變弱的聲音無法勝任執行測試的工作。

步驟四

預先對受測候選人進行試驗。請候選人想著一位他們所愛的人，然後用兩根手指朝著他們齊地平舉的手臂手腕處往下壓。正常受測者的手臂應該會保持強壯，能堅固抵抗下壓力量。接著，請對方想著一個他們憎惡、害怕或怨恨的人（希特勒也是個可行的另類選擇）。正常受測者的手臂會變

The Eurasian Publishing Group
圓神出版事業機構
用心與你對話・視野無限寬廣
方智出版社
Fine Press

http://www.booklife.com.tw
reader@mail.eurasian.com.tw

新時代系列 155

心靈能量——藏在身體裡的大智慧

作　　者／大衛・霍金斯博士（David R. Hawkins, M. D., Ph. D.）
譯　　者／蔡孟璇
發 行 人／簡志忠
出 版 者／方智出版社股份有限公司
地　　址／台北市南京東路四段50號6樓之1
電　　話／（02）2579-6600・2579-8800・2570-3939
傳　　真／（02）2579-0338・2577-3220・2570-3636
郵撥帳號／13633081　方智出版社股份有限公司
總 編 輯／陳秋月
主　　編／賴良珠
責任編輯／溫芳蘭
封面設計／井十二設計研究室
美術編輯／金益健
行銷企畫／吳幸芳・陳姵蒨
印務統籌／林永潔
監　　印／高榮祥
校　　對／賴良珠
排　　版／莊寶鈴
經 銷 商／叩應股份有限公司
法律顧問／圓神出版事業機構法律顧問　蕭雄淋律師
印　　刷／祥峰印刷廠
2012年7月　初版
2024年6月　37刷

POWER VS. FORCE- The Hidden Determinants of Human Behavior
By David R. Hawkins, M.D., Ph.D.

Original English language publication 1995 by Veritas Publishing, Sedona, Arizona, USA

定價 330 元　ISBN 978-986-175-271-6

你本來就應該得到生命所必須給你的一切美好！
祕密，就是過去、現在和未來的一切解答。

——《The Secret 祕密》

國家圖書館出版品預行編目資料

心靈能量：藏在身體裡的大智慧／大衛.霍金斯(David R. Hawkins)著；蔡孟璇譯；-- 初版. -- 臺北市：方智，2012.07
312面；14.8×20.8公分 --（新時代系列；155）
譯自：Power vs. force : the hidden determinants of human behavior
ISBN 978-986-175-271-6（平裝）

1.心靈學 2.知覺 3.人類行爲

175.9 101009629